平凡社新書
972

シニア バス旅のすすめ

定番コースからワンランク上の大人旅

加藤佳一
KATŌ YOSHIKAZU

HEIBONSHA

シニア　バス旅のすすめ●目次

第2章 日帰りシニア路線バスの旅

第4章　ワンランク上の大人のバス旅を楽しむ

第5章 長距離路線バスに乗って気ままな旅を

はじめに

国鉄が個人旅行客の増大を目的に「ディスカバー・ジャパン」のキャンペーンを行ったのは、1970年代のことである。国鉄周遊券を片手に列車を乗り継いで旅をする若者が、全国の観光地にあふれた時代だった。その若者がいま、シニア世代の中心を占めるようになった。だからだろうか、とてもアクティブだと思う。ひと昔前のシニアの旅が団体ツアー中心だったのに対して、自ら鉄道や飛行機、レンタカーや宿を予約して、自分らしい旅を楽しんでいるシニアが多い。

私自身、青春時代は〝乗り鉄〟に明け暮れていた。そしてその途上、ローカル線の駅前で、読み方もわからない方向幕を掲げて待つバスに憧れた。「あのバスの行き先には、どんな風景が待っているのだろう」という好奇心が、私が路線バスの旅を始めるようになった原点である。自転車とさして変わらないスピードで、街の店先や集落の軒先をかすめるようにして走る路線バスには、その土地の普段着の姿に出合える魅力があった。

ところが、アクティブになったシニア世代といえども、まだまだ路線バスの旅は浸透していない。通勤などで身近なバスしか利用してこなかったシニア世代にとって、乗り慣れないバスの路線や時刻や運賃、そして乗降方法などはわかりにくく、それが〝乗らず嫌い〟に拍車をかけているようである。もう30年以上、バスに関する書籍・雑誌をつくり続けてきた私にとって、これはとても残念なことである。シニア世代の旅の選択肢に、ぜひ路線バスを加えてもらいたい。そんな思いからまとめたのが本書である。

第1章では、観光地周遊バスを紹介する。バスに乗り慣れないシニアにもわかりやすい入門編である。

第2章では、一日乗車券などフリー切符を使った日帰り旅について述べた。地元の人たちと乗り合わせるという、生活に根づいた路線バスならではの旅情が感じられるだろう。

第3章では、さまざまな高速バスを紹介する。新幹線以外の長距離列車が減少したいま、安さだけではない高速バスの魅力を知ってほしいと思う。

第4章では、ワンランク上のバス旅について書いた。ゆったりとした移動空間や選りすぐりのコースと〝食〟が体験できる。

そして第5章では、時間を贅沢に使った〝乗りバス〟を紹介した。さまざまな路線バスで途中下車の旅を楽しめれば、日本の原風景を再発見できることだろう。

取材中に巻き起こったコロナ禍により、公共交通機関を避け、マイカーやレンタカーで旅する人が増えた。しかし、公共交通機関では徹底した除菌と換気を行うなど、全力で感染防止に取り組んでいる。

旅の楽しみは目的地だけでなく、移動の行程にもあるはずである。できれば、マイカーやレンタカーでは感じられない、その土地ならではの〝空気〟を感じるために、路線バスの旅に出てほしいと願っている。

＊なお、本書の取材は２０１８年から２０２０年に行ったものである。また、本文中のバスの時刻と運賃、観光施設の入館料などは、特記がない限り、２０２０年12月末日現在のものに統一した。

第1章

「周遊バス」を使って各地の観光地をめぐろう

石川門をバックに走る「城下まち金沢周遊バス」

路線バスをわかりにくくしている要因の一つは、運行系統が複雑なことである。とくにバス旅が初めてというシニアにとって、把握することはとても難しいかもしれない。初めて訪れる街では、目的地に向かうバスを探すだけでもひと苦労するものだ。

そこで本章では、地元向けではなく、観光客のために走っている日本各地の路線バスをピックアップする。特別なデザインやカラーリングが施され、見た目にもわかりやすいバスを使い、王道の散歩コースをたどってみよう。

1、イラストバスに揺られて北の玄関口を旅する

元町・ベイエリア周遊号(函館バス)

銀色に赤帯のボディが標準色の函館バス。けれど北海道の函館市西部を循環する「元町・ベイエリア周遊号」は、可愛らしいピンク色のボディに観光スポットの線

車体に市内の観光スポットがあしらわれた「元町・ベイエリア周遊号」

画があしらわれ、ひと目で見分けることができる。便利な一日乗車券を使い、乗り降りしてみよう。

函館朝市で朝食をとりベイエリアを散策する

「元町・ベイエリア周遊号」はＪＲ函館駅前を起点として、９時00分から17時40分（冬季は16時20分）まで40分間隔で走っている。市内中心部の函館バスが一日乗り放題になる乗車券「カンパス」（大人８００円）を購入し、９時00分発の初便に乗る。

バスはいったん国道5号に出るが、すぐに右折して駅南側の路地裏へ。海産物店が軒を連ねる函館朝市前バス停で、早くも最初の途

1988年に商業施設に改装された「金森赤レンガ倉庫」

中下車をする。目指したのは１９５６年創業の老舗「きくよ食堂」。大好きな「銀だら焼き定食」を頼んだら、元気な店員が「今日はいいイカが入ってるよ！」と言うので「イカソーメン」を追加した。２００３年にスマートな駅舎が完成し、すっかり垢抜けてしまった函館駅界隈だが、朝市の老舗食堂は、連絡船ありしころの素朴な風情を思い出させてくれる。

何軒かの海産物店を覗いてからバス停に戻り、10時23分発に乗車。バスが函館港の岸壁に出た西波止場・函館ビヤホール前で降りる。

岸壁に並ぶ倉庫群は「金森赤レンガ倉

庫」。いまは内部が改装され、食品や雑貨を扱う店舗が入居している。休憩スペースには倉庫の歴史を展示。金森商船制作のＶＴＲで、この倉庫が１９０７年の函館大火のあとに不燃質の建材で再建されたものであること、レンガの積み方には建造時期によりイギリス積み（長手の段と小口の段が交互）とフランス積み（一つの段に長手と小口が交互）があることなどを知り、改めて外観を観察しなおした。

周囲には、ほかにも明治・大正時代の建物が現存している。「深谷米穀店」「市水商会」「和雑貨いろは」「旧茶屋亭」は、いずれも1階が格子窓の和風建築、2階が縦長窓の洋風建築だ。再開発される前の都市で、明治・大正期の建物に囲まれて育ったシニア世代は、懐かしさを感じるかもしれない。

海産物倉庫を利用した「箱館高田屋嘉兵衛資料館」には、北前船主・高田屋嘉兵衛の活躍と明治期の函館の発展の様子が詳しく展示されていた。

元町の教会をめぐる

この資料館近くの金森洋物館・ＢＡＹはこだて前バス停で、12時29分発に乗車。

ゴシックスタイルの「カトリック元町教会」

大正時代に百貨店として建てられた「函館市地域交流まちづくりセンター」を横目に、南部坂を上り詰めたロープウェイ前バス停で降り、今度は元町の散策を楽しむ。

バス停前方の公園のような広場は、「函館市企業局元町配水場」。函館の水道は1889年、日本で2番目の近代水道として完成した。そのとき建てられたレンガづくりの管理事務所が場内に現存している。なかを覗くと職員が働いていて、いまも現役で使われていることに驚く。

突き当たりには「函館ハリストス正教会」が見える。1916年に建てられた日本初のロシア正教会の教会で、国の重要文化財に指定されている。レンガに漆喰を塗った白い壁と銅板を使った緑色の屋根のコントラストが美しく、元町のランドマークとなっている。

すぐ隣にあるお洒落な洋館は「遺愛《いあい》幼稚園」。1895年に開園した伝統ある幼児教育施設で、縦長の窓から楽しげな子どもたちの声が聞こえてきた。

日本の道百選の一つ、石畳の大三坂を下ると「カトリック元町教会」。1923年に再建された教会堂は、六角形の尖塔とその上の風見鶏が印象的だ。内部はアーチ状の屋根がクラシックなゴシック様式になっている。澄んだテノールの讃美歌が流れていて、しばらく長椅子に掛けていると、なんだか厳粛な気持ちになるから不思議である。

大三坂をさらに下り、バス通りを右に折れると、1879年創業のレストラン「五島軒」がある。帝国ホテルのフレンチの技と函館の豊かな食材が織りなす洋食メニューを味わえる。なかでも人気なのは、カニクリームコロッケ、エビフライ、ビーフシチュー、そしてカレーがすべて揃った「明治の洋食&カレーセット」だそうだ。

元町公園前バス停から歩いて坂を下る

バス通りを西へ歩いた元町バス停から、14時37分発に乗車。中華会館前の先で左折して弥生坂を上り、東へ戻った元町公園前バス停で途中下車する。斜面に見どころが点在する元町では、坂の上のバス停から下のバス停まで歩くコースがお勧めである。

元町公園を見下ろす「旧函館区公会堂」は、1910年に完成した。日本を代表する明治時代の建築物だが、足かけ3年の保存修理工事中でシートに覆われている。そこで公園内に建つルネッサンス様式の「旧北海道庁函館支庁庁舎」、そしてレンガづくりの「旧開拓使函館支庁書籍庫」を見学し、明治時代の政治の中心地の賑わいを想像した。

基坂《もとい》を少し下ると、「函館市旧イギリス領事館」（大人300円）がある。1913年に再建されたコロニアルスタイルの公館で、領事執務室と家族居室では、函館をこよなく愛したリチャード・ユースデン領事と夫人を紹介している。箱館開港の歴史を解説する開港ミュージアムもあり、国際貿易港として繁栄していた当時の様子がわかる。その街並みと人々を描いたパネル「函館ハイカラ絵巻」も置かれていた。一人旅なので、顔出し写真を撮れなかったことが残念だった。

バス通りに出れば、旧イギリス領事館前バス停がある。16時38分発をつかまえてベイエリアに戻り、明治館前バス停で降りる。

ツタに覆われたレンガづくりの「はこだて明治館」は、1911年に郵便局として建てられたものだ。いまはショッピングモールとなっており、みやげもの店のほか、手作りオルゴール工房やサンドブラスト体験工房、ハイカラ絵巻に描かれていたような衣装のレンタルサービスまであった。

函館山山頂で夜景に魅了される

「元町・ベイエリア周遊号」の終便となる、明治館前17時48分発で再びロープウェイ前へ。函館山ロープウェイ（大人片道1000円）に乗り、夜景の美しい海抜3

34メートルの函館山山頂に上る。日没までまだ時間があったので、山頂展望台2階のイベントホールクレモナへ。およそ14分のスペシャルムービー『はこだて夜景フルコース』（大人100円）を観賞する。

山頂からのさまざまな季節や天候時の夜景映像は、とても幻想的で、なかでも〝霧夜景〟と〝雪夜景〟に魅了された。やがてエンディングに合わせ、スクリーンの下のカーテンが開く。ガラスの向こうに本物の夜景が広がる。その演出はみごとで、観客から感嘆の声が上がった。

展望台の屋上に出ると、吹く風が爽やかで気持ちいい。初夏の函館の日没は19時前後。日没から15分間はトワイライトタイムと呼ばれ、ロイヤルブルーの空の下、街灯りが少しずつ輝きを増していった。

「元町・ベイエリア周遊号」の運行はすでに終了しているので、帰路は函館山山頂バス停から、19時30分発の「函館山登山バス」に乗り込んだ。バスが走り始めると、すぐに室内灯が消灯される。車窓から眼下の夜景を楽しませるためのサービスなのだろう。山麓に下りると室内灯が点灯され、20時前に函館駅前に到着した。

2、レトロなバスで横浜を散策

あかいくつ（横浜市交通局）

横浜市民の暮らしを支える市営バスは、観光客にとっても欠かせない存在だ。昔の路面電車をイメージしてつくられたレトロなバスが、桜木町駅を起点に市の中心部の見どころを循環している。春バラが香る5月の下旬、フリー切符を片手に港ヨコハマを散策した。

桜木町駅前から中華街へ

JR桜木町駅南改札を抜け、左手にあるバスターミナルへ。「あかいくつ」は4番乗り場に発着する。ダイヤは、平日が10時08分から17時08分まで60分間隔、土日祝日が10時10分から18時20分まで、大半は20分間隔となっている。

桜木町駅前11時08分発の便に乗車。運転士から直接「みなとぶらりチケット」（大

横浜中華街を走る「あかいくつ」

「重慶飯店本館」の週替わりランチ

人500円）を購入する。横浜市中心部の市営地下鉄と市営バスが一日乗り放題という お得な切符である。車内を見回すと、レンガ調の内装とワインレッドのシートが、外観にもましてレトロな雰囲気を醸し出している。

バスは馬車道駅前を過ぎて左折。万国橋を渡ってハンマーヘッドへ。車内モニターの映像と案内放送で、バス停周辺の見どころを紹介している。赤レンガ倉庫から新港橋を渡り、横浜税関（クイーン）、神奈川県庁（キング）、横浜市開港記念会館（ジャック）の横浜三塔を見上げたあと、「ローズホテル横浜」の前にある中華街バス停で降りた。

バス停後方すぐのところにある「重慶飯店本館」で早めの昼食をとる。平日限定で8種類用意された週替わりランチから「豚肉の角煮」を選び、オプションの「ミニ麻婆豆腐」もつけてもらう。「みなとぶらりチケット」の提携施設の一つで、提示すると食事代が1割引になるが、ランチメニューは対象外である。超高級店から庶民的な店までが軒を連ねる中華街だが、ビジネスマンの姿も見られる「重慶飯店本館」は、手軽に本格中華が楽しめる店の1軒と言えよう。

港の見える丘いっぱいに広がるバラの香り

中華街大通りの活気を少し楽しんだあと、中華街バス停から12時29分のバスに乗車。元町入口から谷戸坂を上りきった港の見える丘公園前で降りる。

1859年の開港以来、外国人居留地だったというこの高台。戦後、接収が解除されると、公園用地として整備され、1962年に「港の見える丘公園」が開園した。その名のとおり、展望スペースからは横浜港が一望でき、純白の主塔の横浜ベイブリッジが美しい。

景観もさることながら、園内いっぱいの甘い香りに魅せられる。ちょうど春バラの季節なのだ。バラが横浜市の花となってから2年後の1991年、およそ110種、1300株が花を咲かせるバラ園が完成。2016年に「イングリッシュローズの庭」としてリニューアルされたそうだ。園内には色鉛筆画を描いているご婦人の姿もあり、この季節はシニアのカルチャースポットとしても人気のようだ。

公園内では「横浜市イギリス館」も公開されていた。1937年に英国総領事公

春バラが咲く「イングリッシュローズの庭」

邸として建てられたもので、その大きさと贅沢な建築素材に、当時のイギリス王室の威厳が感じられた。2階の展示室の窓から公園を見下ろすと、咲き乱れるバラが実に彩り豊かである。イギリス館の隣の噴水広場は、ここで折り返す「あかいくつ」の転向場所になっている。ヨーロッパ調の噴水とレトロなバスが、とてもよく似合っていた。

氷川丸が伝える華やかな客船文化

バス停に戻り、13時38分発の「あかいくつ」をつかまえる。バスは元町入口まで戻ると、Uターンするような形で海岸

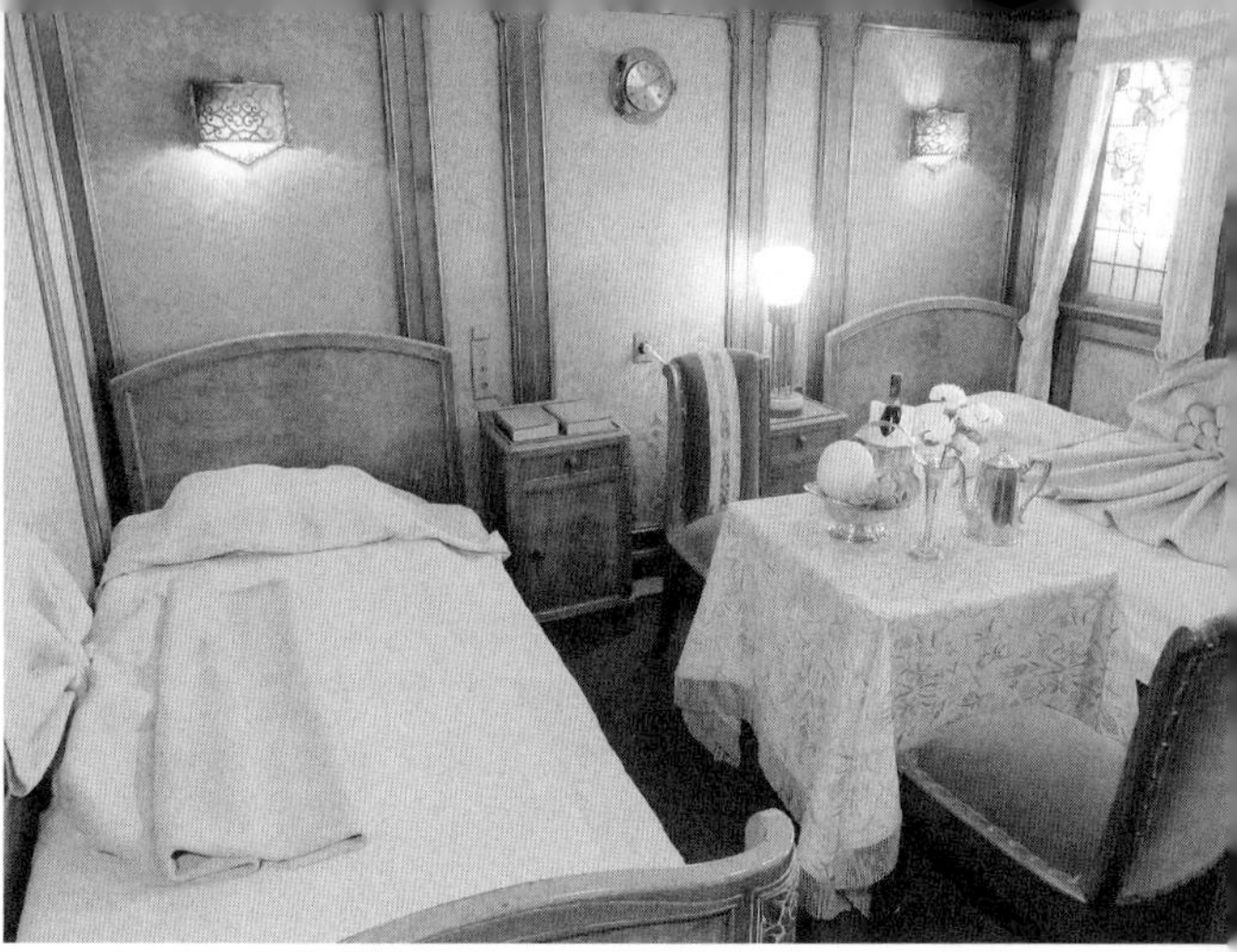

「日本郵船氷川丸」の一等客室

方向へ進む。山下橋を右手に見て左折し、「山下公園」の緑に沿って走る。左手に「マリンタワー」がそびえているが、2022年春までの予定で改修工事中である。そこで「日本郵船氷川丸」を見学するために、一つ先の山下公園前バス停で降車ボタンを押した。

氷川丸は、1930年に日本郵船が建造した貨客船である。シアトル航路に就航し、30年の間に太平洋を254回横断した。「山下公園」に係留保存されたのは1961年というから、先ほどの「港の見える丘公園」の開園とほぼ同じ時期ということになる。

入館料（一般300円／「みなとぶらりチケット」提示で250円）を払い、まずはBデッキに乗船する。一等食堂のテーブルには、ローストビーフや赤ワインなど一等船客のメニューが再現されている。一つ上のAデッキには、一等客室と一等社交室がある。社交室はダンスパーティーの会場だったという。各部屋には優雅なアール・デコの装飾が施され、昭和初期の華やかな客船文化を知ることができる。この船で太平洋を越えたのは、どんな人たちだったのだろう。

最上階の操舵室と船長室、船底の機関室も見学する。竣工当時のまま残るエンジンは、貴重な産業遺産として評価されているそうだ。

生まれ変わった赤レンガ倉庫

山下公園前をブルーメタリックの長い車体の連節バスが通過する。横浜市営バスが2020年の夏に運行を開始した「ベイサイドブルー」だ。横浜駅からみなとみらい地区を経由して山下ふ頭まで30分間隔で往復しており、通勤と観光、双方の足として、次第に利用者が増えつつある。

山下公園前14時45分発の「あかいくつ」で出発。バスは開港広場で右折し、「横浜港大さん橋国際客船ターミナル」に寄り道する。この便の運転士は〝おもてなし〟の精神がいっぱいのようで、既成の案内放送のあとに、タイムリーな耳より情報を聞かせてくれる。大さん橋では入港する豪華客船の予定のあと、「7月のスパークリング花火の日には、プレミア観賞席になりますので、皆様ぜひいらしてください」とつけ加えた。

開港広場に戻り、海岸通りを横浜税関前まで行く。新港橋を渡り、再びやってきた赤レンガ倉庫前で降りる。「横浜赤レンガ倉庫」は明治政府が保税倉庫として建設したもので、1980年代には役割を終えて次第に荒廃していく。しかしそのレトロな雰囲気から、日本テレビのドラマ『あぶない刑事』のロケ地になると、にわかに注目されるようになった。

1990年代には周辺地域とともに再開発が進み、2002年に複合施設「横浜赤レンガ倉庫」へと生まれ変わった。入居しているのは、コスメやアクセサリー、ファッション、輸入雑貨などを扱うおしゃれな店舗である。

そんなか「和カフェ」の文字を見つけ、2号館3階の「chano-ma」で休息をとる。この店は壁のレンガ、天井の鉄骨や配管をむき出しにして、あえて倉庫らしさを演出していた。壁ぎわの「ベッド席」がユニークで、客たちはクッションにもたれ、足を投げ出してくつろいでいる。「黒蜜ときなこのパフェ」を注文し、ほど良い甘さで街歩きの疲れを癒した。

赤レンガ倉庫前から15時57分発のバスで帰途に就く。「あかいくつ」は、開港以来の歴史と文化のなかで、〝新しいヨコハマ〟にも出合える、楽しい時間が過ごせるバスだった。

3、冬支度を終えた雪国の風情を静かに味わう

城下まち金沢周遊バス（北陸鉄道）

北陸新幹線の開業で、観光客が急増した金沢。しかし紅葉シーズンが終わると、しばし静寂に包まれる。雪の季節を前にして、そこかしこに見られる冬の装い。そ

左回りと右回りが色分けされている「城下まち金沢周遊バス」

んな風情を味わいたくて、北陸鉄道の「城下まち金沢周遊バス」に乗り込んだ。

早朝のひがし茶屋街を散歩する

北陸新幹線の開業で、JR金沢駅は近代的な駅舎へと生まれ変わった。駅を象徴する存在の巨大な建造物「もてなしドーム」の下に、バスを運行する北鉄グループの東口案内所があり、ここで「金沢市内1日フリー乗車券」(大人600円)を入手する。金沢市中心部の北鉄バスと西日本ジェイアールバスが乗り放題になる乗車券である。案内所前の6番乗り場で、「城下まち金沢周遊バス」を待つ。

このバスには、ボディの腰部がグリーン、屋根がイエローの車両が走る左回りと、腰部がマルーン（栗色）、屋根がグリーンの車両が走る右回りがあり、ともに15分間隔で運行されている。私は9時20分発の右回りで、金沢駅をあとにした。

数人の観光客を乗せたバスは、駅前通りを左折する。するとマンションや民家の間に、寺院や町家づくりの歴史を感じさせる建物が目に入る。浅野川を越えた小橋町バス停は、ガイドブックなどでおなじみの老舗「飴の俵屋」の最寄りだ。右折を繰り返し、再び浅野川のほとりに戻った橋場町（ひがし・主計町茶屋街）バス停で、最初の途中下車をする。

バス通りを後方に歩き、路地を入ったところにあるのが、ひがし茶屋街の街並みである。石畳を挟んで、美しい出格子の茶屋建築が並んでいる。最も大きな「懐華樓」では、いまもお座敷が上げられているという。しかし、茶屋の多くは伝統工芸品を扱うセレクトショップや和菓子を味わえるカフェに変わっており、朝10時の開店を前にみな準備中であった。人通りの少ない街並みをカメラに収めたいなら、早起きして9時台までに散策するのがよいだろう。

人影まばらな朝のひがし茶屋街

浅野川大橋から下流を望むと、対岸の土手に沿って主計町《かずえまち》茶屋街が広がる。こちらはひがし茶屋街とは異なり、観光客相手の商売はしていないため、昔ながらの粋な風情が残っている。土手の桜並木が満開となった夕べに、三味線と太鼓の音を聴きながら散歩したい街である。

雪吊りを終えた兼六園

1時間後、10時30分発の右回りに乗り、三つめの兼六園下・金沢城バス停で下車する。見上げる石川門は、たび重なる大火でほとんどの城郭が焼失した金沢城にあって、江戸時代中期に築かれたまま残

「さくら亭」の懐石弁当「夕顔」

る貴重な遺構である。門をくぐった城内は「金沢城公園」となっていて、菱櫓、五十間長屋、橋爪門続櫓が見学できる（大人320円）。いずれも、2001年に職人技術を結集して再建されたもので、天守閣を持たない金沢城の新しいシンボルとなっている。

続いて「兼六園」に入園（大人320円）する。もとは金沢城の外郭だった「兼六園」は、加賀藩5代藩主の前田綱紀が1676年に作庭した日本庭園であった。霞ヶ池のほとりの「徽軫《ことじ》灯籠」、雁が飛ぶように11枚の石を配した「雁行橋」、そして、冬に備えて雪吊りが施された「唐崎松」が織りなす景観は、日本の三大庭園にふさわしい魅力的なものだった。

兼六坂を下ると、加賀料理を手ごろな値段で味わえる「さくら亭」がある。季節に合わせた20種類の素材が詰まった懐石弁当「夕顔」は、鯛のお造りや紅鮭の西京焼き、上品な煮しめなど、いろいろな味を少しずつ楽しむことができ、シニアにお勧めのランチメニューである。

忍者屋敷のような仕掛けに驚かされる妙立寺

兼六園下・金沢城のバス停を13時21分に出発。右手に「21世紀美術館」や「金沢歌劇座」を眺めながら、犀川を渡って寺町に入る。

広小路のバス停で降り、寺町の一角にある妙立寺《みょうりゅうじ》へ向かう。妙立寺の拝観（大人1000円）は電話予約制で、14時の回に申し込んでおいた。

この回の見学者は5人。案内係の女性が「勝手に部屋へお入りになりますと、簡単には出てまいれませんので」と注意を促す。妙立寺は、加賀藩3代藩主の前田利常が城を守る要塞として建立。別名〝忍者寺〟と呼ばれ、複雑な構造のなかに、23の部屋と29の階段、敵を欺く数々の仕掛けがあるのだ。

たとえば、物置の戸を開いて床板をまくると、地下に続く隠し階段が出現する。仲間を地下に逃がしたあと、床板をもとに戻すと、敵にはもう階段と地下室は見つからない。徳川家ににらまれないよう、江戸城では鼻毛を伸ばしてバカ殿を演じていたという利常。こんな寺院を建ててしまうほど、国攻めや取り潰しを警戒していたのであろうか。

一方で、「本当は、利常以降の殿様が奥方に内緒で、にし茶屋街の芸妓と遊ぶ隠し部屋だったらしいですよ」なんて話も、地元のタクシーに乗った際に聞かされたことがある。戦国乱世を生きた利常の時代はともかく、世の中が安定した江戸時代中期以降は、そんなことがあったのかもしれない。

寺町から野町広小路の交差点を越えたところに、にし茶屋街がある。ひがし茶屋街と同様、出格子の茶屋建築が美しい街だが、こちらではまだたくさんの芸妓が活躍しているという。

とはいえ、昼間は民芸品や和菓子の店が賑わっている。その一つ、「にし茶屋菓寮・味和以《あじわい》」に入ってひと休み。先客が七輪で餅を焼いており、香ばしいにおいがたまらない。そこで私も釣られるように、「能登大納言ぜんざい」を注文した。

広小路のバス停に戻り、15時43分発の右回りに乗車した。この「城下まち金沢周遊バス」のバス停は寺町にあるが、同じ広小路の北鉄一般路線のバス停が、にし茶屋街近くにあるので、バスに乗り慣れているシニアはそちらを使ったほうが便利である。

静かな長町武家屋敷跡を訪ねる

金沢一の繁華街・香林坊で下車する。後方の信号を右に折れ、表通りとは別世界の静かな路地を歩くと、その先に「長町武家屋敷跡」がある。石畳の小径に沿って続く土塀は、すでにこも掛けが行われ、冬の装いになっていた。土塀の内側には現代の人々の暮らしがあるので、「大声で話したり覗いたりしないでください」という注意書きがあった。

こも掛けが施された「長町武家屋敷跡」

そんななかで唯一、土塀の内側を見学できるのが、「野村家跡」（一般550円／「金沢市内1日フリー乗車券」提示で500円）である。前田家の直臣だった野村家は、11代にわたって奉行職を歴任し、この地に屋敷を拝領していた。しかし、明治期に館が取り払われ、住人も何度となく変遷する。昭和に入って北前船主の豪邸の一部が移築され、現在に至るそうだ。土塀の内側の暮らしも、悲喜こもごもなのだと知らされた。

屋敷の隣の「茶菓工房たろう」を覗き、ガラス細工のようにきれいな寒天菓子「もりの音」を発見した。思わずみやげに購入し、香林坊から金沢駅に向かう。

紅葉シーズンの連休に来たときは、常に満員だった「城下まち金沢周遊バス」。しかし今日は、乗車したすべての便で座ることができた。一般にシーズンオフとされる12月半ばだが、冬支度を終えた金沢には、この季節ならではの趣がある。ちょっと得したような気持ちになって、17時過ぎの金沢駅東口に降り立った。

4、コミカルなイラストバスで神都から真珠島へ

CANばす（三重交通）

悠久の歴史が息づく神都・伊勢、近畿地方屈指の景勝地・二見、世界初の養殖真珠の産地・鳥羽が、三重交通の周遊バスで結ばれている。令和への改元からまもない6月中旬、梅雨の晴れ間の潮風に吹かれ、一日乗車券で伊勢から鳥羽へと旅をした。

内宮前バス停に到着した「CAN ばす」

車内から外宮の森に手を合わせる

近鉄宇治山田駅のモダンな駅舎は、1931年に竣工した古い建物で、国の有形文化財に指定されている。その1階にある三重交通のバス案内所で、「伊勢鳥羽みちくさきっぷ1DAY」（大人1200円）を購入する。伊勢・鳥羽エリアの三交バスに乗り降り自由という切符で、一日券の「1DAY」と二日券の「2DAYS」（1800円）がある。

駅舎を背にした1番乗り場に「CANばす」が入線する。真っ青なボディに伊勢・二見・鳥羽の見どころがコミカルに描かれたバスだ。宇治山田駅前発着の「ＣＡＮばす」は、ほぼ60分間隔のダイヤである。ほかに内宮前〜鳥羽水族館・ミキモト真珠島間の区間便もある。土日祝日には区間便が増え、この間はほぼ30分間隔となる（２０２１年３月現在、コロナ禍により区間便は運休中）。

9時24分に出発。ＪＲ伊勢市駅前の10番乗り場に寄る。ここにも待ち人がおり、乗客は十数人となる。まもなくすると、次に停車する外宮についての車内ガイダンスが流れる。外宮は伊勢神宮の二つの正宮のうちの一つであり、祭神は豊受大御神であることなど、お伊勢参りの基礎知識も身につけることができる。本来、外宮を参拝したあと内宮に向かうのが正式だそうで、いきなり内宮を目指している私は、車内から外宮の森に手を合わせた。外宮の参拝を終えた人々が10人ほど乗った。

宇治山田駅方向に戻って神宮徴古館に停車。伊勢自動車道をくぐって近鉄五十鈴川駅前に入る。まもなく車内ガイダンスで内宮についての説明がある。祭神は天照大御神で……と始まり、鳥居前のおはらい町を紹介し終えたところで、バスは内宮前に到着した。

伊勢神宮内宮を参拝して赤福本店に向かう

バス停から前方に歩けば、すぐに宇治橋が目に入る。五十鈴川に架かるこの橋は、私たちの俗世と神々の世界との境界だという。

深々と一礼する人がいるのを見て、思わず私も姿勢を正し、ゆっくりと橋を渡り始めた。芝生の緑が鮮やかな神苑を抜けると、五十鈴川のほとりに石畳が敷き詰められた御手洗場に出る。参拝客はみな入念に、澄んだ流れで両手を清めている。参道の最奥に鎮座する皇大神宮は、式年遷宮から６年を経てなお新宮のようなたたずまいだ。厳粛な気持ちで、二礼二拍手一礼する。およそ２０００年前、皇位のしるしとして受け継がれる八咫鏡《やたのかがみ》を祀ったことに始まる伊勢信仰。改元の年に参拝した感動はひときわ大きい。

バスの車内放送にあったおはらい町は、内宮の鳥居前町として江戸時代に発展したという。当時、参拝客を祈禱や神楽でもてなしたことから、この名がついたと言われている。バス通りと並行している石畳の旧参宮道には、この地方独特の切妻・

大きな茅葺き屋根の伊勢神宮内宮

入母屋《いりもや》・妻入り様式の店舗がずらりと並んでいる。その一つ、「赤福本店」でひと休みすることにする。

伊勢銘菓「赤福餅」は全国で手に入るが、夏場の伊勢に来たら食べたいのが「赤福氷」だ。抹茶蜜のかかったかき氷の下に、「赤福餅」が一つ隠れている。このメニューのために特製された餅は、冷えているのに柔らかく、氷との相性が抜群だ。ちなみに冬場には、大粒の大納言を使った「赤福ぜんざい」が登場するそうだ。

「赤福本店」の向かい側にある、江戸時代のおはらい町の町並みを復元した

「おかげ横丁」は、若者たちで賑わっていた。スマホで自撮りした画像をリアルタイムで拡散するのが、若者流のお伊勢参りのようである。

岩の間から陽が昇る神秘の夫婦岩

11時51分発の「ＣＡＮばす」に乗車。伊勢自動車道から続く伊勢・二見・鳥羽ラインを伊勢インターから朝熊東インターまで快走する。二つの屋内競技場と国際会議場を備えた「三重県営サンアリーナ」、安土城の復元天守閣を中心としたテーマパーク「伊勢忍者キングダム」に停車する。私は次のＪＲ二見浦駅近くにある二見浦表参道バス停で降りた。

駅と反対方向に歩けば名勝「二見浦」で、五十鈴川の河口にできた三角州に、美しい松林が続いている。のんびり散歩していたら、唐破風の玄関を持つ由緒ありげな建物を発見した。１８８７年に皇族や要人の宿泊施設として建てられた「賓日《ひんじつ》館《かん》」だ。しかし残念ながら１９９９年に休業しており、いまは資料館として内部が一般公開されている。

二見興玉神社の境内にある「夫婦岩」

「賓日館」の数軒先に建つ食堂「まるはま」に入り、「伊勢志摩名物セット」を注文。もちもちの太麺に甘い溜まり醬油をからめた伊勢うどんと、かつおの漬けを酢飯に交ぜた漁師飯の手ごね寿司、二つの郷土料理をよくばって味わった。

海岸線をさらに進むと二見興玉神社が見えてくる。境内の磯にある「夫婦岩」は鳥羽を代表する見どころである。仲良く並んだ大小二つの岩に、夫婦円満や良縁成就を祈願する人が多いという。ちなみに、二つの岩の間から陽が昇る光景を見られるのは、5月から7月とのことであった。

二見興玉神社を通り越し、国道に出たと

ところに、夫婦岩東口・伊勢シーパラダイス前のバス停がある。「夫婦岩」だけを拝むなら、こちらのほうが近いが、お伊勢参りの禊場《みそぎば》でもあった二見浦に敬意を払うなら、表参道から本殿を経由して参拝したい。

真珠の核入れと海女の素潜り

「伊勢シーパラダイス」から聴こえるアザラシショーの愉快なアナウンスに送られ、14時17分発の「CANばす」に乗り込む。満員の乗客のほとんどは、JR線と近鉄電車に接続する鳥羽バスセンターで降り、10人足らずが終点の鳥羽水族館・ミキモト真珠島まで乗り通した。

ちょうど目の前が「鳥羽水族館」で、1200種類もの生き物を展示する水族館の見学には、丸一日かかりそうである。それでは夜遅くになってしまうので、海辺の歩道と海上通路で結ばれた「ミキモト真珠島」（一般1650円／「伊勢鳥羽みちくさきっぷ」提示で1500円）を訪ねた。

海産物商人だった御木本幸吉が、この島で世界初の真珠の養殖に成功したのは1

893年のことである。そんな創成期のミキモト・クラシック・コレクションや世界の天然真珠のアンティークジュエリー、真珠ができる仕組みなどが、島内の「真珠博物館」で紹介されている。

なかでも、女性スタッフによる核入れの実演は必見である。アコヤ貝をほんの少しだけ開き、小さな丸い核と外套膜の破片を素早く生殖巣に挿入する。あとは、貝が自分で真珠層をつくるのだが、色も形も大きさも、貝を開けてみるまでわからないそうだ。良質な真珠を取り出したときの喜びは絶大なものだろう。

1時間おきに行われる海女の実演も見学した。真珠の養殖技術が発達し、いまはもう海女の手を借りることはないという。しかし、漁を生業《なりわい》とする海女は、いまでも鳥羽地方で約750人が活躍を続けている。そんな彼女たちが、特別に昔ながらの白い磯着姿で素潜りの実演を見せてくれる。アコヤ貝を持って上がるまで2、3分という、その息の長さには驚かされた。

真珠島からJR・近鉄の鳥羽駅までは300メートルほど。バスを使わず海辺の歩道をたどった。陽が少し傾いて気温が下がり、頬をなでる海風が心地良かった。

5、込み合う京都市営バスを賢く活用する

洛バス（京都市交通局）

　京都駅と金閣寺と銀閣寺。これらを結ぶ三辺に「洛バス」が運行されている。一般の京都市営バスとは異なるカラーの車両で、途中の主要バス停だけに停まる急行運転。便利な半面、いつも満員という悪評も聞かれる。そこで初夏の日曜日、なるべく座って観光できる方法を考えた。

１１１号系統で朝の金閣寺に行く

　ＪＲ京都駅烏丸口を出ると目に飛び込んでくるのが、Ｄ１・２乗り場にできた長蛇の列だろう。清水寺・祇園方面に向かう２０６号系統や「洛バス」１００号系統を待つ人々である。１００号系統は京都駅が始発なので、１、２本見送れば座れる。しかし、いきなり満員のバスでは精神的に疲れるので、金閣寺から右回りに観光す

一般の京都市営バスとは異なるカラーの車両が使用される「洛バス」

るほうがよい。Ｂホームに渡り、自動券売機で「バス一日券」（大人６００円）を購入する。京都市の均一運賃区間内で、京都市営バス・京都バス・西日本ジェイアールバスに乗り放題の乗車券である。「洛バス」１０１号系統・金閣寺方面北大路バスターミナル行きは、Ｂ２乗り場から発車する。9時台から15時台は00・15・30・45分発となっている。ただし、9・10・12・13・14時台に限り、１０１号系統を補完する１１１号系統・金閣寺行きも、平日は毎時１本、土日祝日は毎時２本運行される。１０１号系統に比べて知名度が低く、停車停留所も少ないせ

朝早く撮影したい葦原島と金閣

いか、比較的空いている。そこでまず、9時23分発の111号系統に乗り込んだ。

乗客はわずか15人と少なく、空席を残して京都駅を出発。101号系統は繁華街の四条烏丸を経由するが、111号系統は堀川通をひたすら北上する。二条城前で十数人が乗車し、ようやくほぼ満席になった。その後、北大路通に左折し、そのまま西大路通に入ると、まもなく金閣寺道のバス停に到着する。ここから京都駅に戻る111号系統は通りの東側に、引き続き北大路バスターミナルまで行く101号系統は西側に停まる。金閣寺までは徒歩で約5分ととても近い。

金閣寺（大人400円）は、正しくは鹿苑寺《ろくおんじ》という臨済宗の禅寺である。足利3代将軍の義満が建立した舎利殿「金閣」は、鏡湖池の手前から眺めるのが一番美しい。葦原島とともに順光でカメラに収めるには、朝早く来るのがよいだろう。

102号系統で銀閣寺を訪ねる

111号系統を降りた金閣寺道・東側の乗り場で、「洛バス」102号系統・銀閣寺方面錦林《きんりん》車庫前行きを待つ。102号系統は金閣寺道発8時30分から17時30分まで30分間隔で運行されている。京都駅が起終点ではないので、それほど込み合っていない。とはいえ、始発でなく北大路バスターミナルから来るので、早めにバス停に並びたい。

11時ちょうど発の便に先客は5人。金閣寺道から10人が乗り込む。北野白梅町で今出川通に左折し、地下鉄今出川駅がある烏丸今出川を過ぎると、右手に京都御所、左手に同志社大学が見える。車内放送で京都御所について解説。要所要所で流れるガイダンスは、「洛バス」だけのサービスである。京阪出町柳駅近くで鴨川を渡り、右手に京都大学を望んだあと、銀閣寺道のバス停に到着する。琵琶湖疏水沿いの歩道をたどり、銀閣寺までは徒歩約10分である。

銀閣寺（大人500円）は、正しくは慈照寺という臨済宗の禅寺。足利8代将軍の義政が建立した観音殿「銀閣」は、欧米からの旅行者の心をとらえるようで、じっくりと観賞している姿がとても印象的だ。アジアからの旅行者が、サッと写真を撮っては立ち去る「金閣」と対照的である。

銀閣寺の参道には、飲食店や売店が軒を連ねるが、学生や外国人観光客を狙った派手やかな店舗が増えつつある。そんななか、ショーウィンドーに食品サンプルを並べた「松葉亭」が遠慮がちに建っている。昔ながらの店構えに惹かれ、のれんをくぐると、夏季限定で京都名物「にしんそば」の〝冷やし〟を出していた。どこか懐かしい門前町の食堂の味を楽しむことができた。

100号系統の運行ルートの特徴をつかもう

琵琶湖疏水のほとりに続く「哲学の道」を散歩する。桜と紅葉の季節を除けば、日曜日といえども人通りは少なく、静かな散歩が楽しめる。

桜橋を横目に右へ折れ、鹿ヶ谷通に出たところに法然院町のバス停がある。ここから「洛バス」100号系統・京都駅行きに乗る。この100号系統は、東天王町〜法然院町〜銀閣寺〜銀閣寺道〜錦林車庫前〜東天王町と、ループ状に（四角形を描くように）走行する。観光客が列をなす銀閣寺ではなく、一つ手前の法然院町から乗れば、銀閣寺で乗客が入れ替わるときに確実に座れるのである。

100号系統は日中、毎時8本のダイヤである。法然院町を13時16分に発車したバスに、銀閣寺から十数人が乗ってきた。バスは白川通、丸太町通、岡崎通を走る。岡崎公園動物園前に停車すると、どっと乗客が乗り込み、席が埋まる。それと入れ違いに途中下車して、平安神宮の参拝に向かった。

平安神宮は、1895年に平安遷都1100年を記念して開催された内国勧業博覧会に合わせて創建された。これは京都電気鉄道（のちに京都市が買収）が日本初の電車を走らせた年で、七条から博覧会会場までの路線も開業したという。明治生まれというのは、京都ではきわめて若い神社である。應天門を初めてくぐり、大極殿の前で手を合わせた。

そして岡崎公園動物園前から「洛バス」に乗る。ここで狙いたいのは100号系統でなく110号系統。100号系統が先ほどの銀閣寺から来るのに対し、110号系統は神宮道~岡崎公園動物園前~岡崎公園美術館・平安神宮前とループ状に走って京都駅方面に帰る。つまり、確実に座ることができるのである。平日は毎時1本だが、土日祝日は毎時2本。岡崎公園動物園前を毎時20分と50分に発車する。

清水道・祇園からは106号系統がお勧め

岡崎公園動物園前発14時50分の110号系統に乗車。次の岡崎公園美術館・平安神宮前で座席はみな埋まり、東大路通を南下するうち通路までいっぱいになってしまった。

では、東大路通にある祇園や清水道のバス停から、京都駅まで座って帰ることはできないのだろうか。もちろん、金閣寺や銀閣寺より京都駅に近く、所要時間は15分程度だから、立って帰ってもつらいほどの距離ではない。けれど100・110

100号系統と同じルートで京都駅から祇園に来る206号系統

号系統に比べれば、座れる可能性が高い「洛バス」があるので紹介しておきたい。

それは土日祝日だけに運行される106号系統だ。京都駅前→東山七条→清水道→祇園→四条京阪前→四条河原町→京都駅前と一方向に走る循環路線である。ただし運行間隔が不揃いなので、あらかじめ時刻を調べておく必要がある。また100号系統や110号系統のように、終点付近で小さなループを描くのではなく、ルート全体がループ状なので、乗客がすっかり入れ替わるバス停はない。したがって確実に座れるとは断言できないが、八坂神社の向かい側に停まる祇園、京阪電車に乗り換えられる四条京阪前、阪急電車に乗り換えられる四条河原町のいずれかで座れる可能性は非常に高い。

ところで、110号系統がバス停に停まると、待っていた乗客が右往左往しているのに出くわすことがある。京都市営バスは中乗り後払いだが、観光客の多い100号系統だけ、遅延防止のため前乗り先払いに変更されたためだ。100号系統を待っていた乗客は、後払いの110号系統の到着に戸惑っているのである。

何かと課題を抱える京都市営バスだが、市内をめぐるのにとても便利であることは間違いない。同じようなルートをたどる一般系統も含め賢く利用して、京都市内の観光を楽しみたいものである。

コラム① バスの運賃と乗降方法はさまざま

都区内や川崎・横浜市内に住んでいると、普段使いする路線バスは均一料金・前乗り先払いがあたり前である。しかし全国的に見ると、これはきわめてレアな形態と言える。たとえば京都・大阪・神戸市内のバスは、同じ均一運賃ながら中乗り後払い。さらに大多数の地方のバスは、多区間運賃・中乗り後払いで、乗車区間によって運賃が異なっている。

多区間運賃のバスではタクシーのように、どんどん上がる車内の運賃表示機とにらめっこになる。ほとんどのバスでは高額紙幣が使用できないので、乗車前に千円札と小銭を少し多めに用意しておくことが必要になる。

近年は、ＰＡＳＭＯやＳｕｉｃａのような交通系ＩＣカードの全国共通化が進行している。手持ちのカードが旅先のバスで使用できるケースが多くなった。ただし注意したいのは、使用は可能でも、バス車内では自社カード以外、チャージできない例が多いことだ。バス乗車前にＪＲ線の駅などで、あらかじめチャージしておいたほうがよいだろう。

また乗車ごとに付加される特典ポイントなども、自社カードだけを対象にしている例がほとんどである。ポイントの価値が高く、旅が長期にわたるなら、旅の記念にそのバス会社のカードを購入し、使用してみるのもよいだろう。

第2章
日帰りシニア路線バスの旅

音戸大橋をバックに倉橋島を行く広電バス

運賃のわかりづらさも、とくにバス旅初心者のシニアが路線バスを敬遠したくなる一因だろう。どんどん上がっていく車内の運賃表示機を見ながら、不安な思いをした経験はないだろうか。近年は交通系ICカードの共通化が進んだものの、カードそのものが使用できないバスもまだある。

そこで本章では、観光客向けに販売されている一日乗車券に着目したい。そのつど運賃を支払う必要がなく、シニア世代にもとても使いやすいと思う。また販売価格も割安で、観光スポットでの特典もあるなど、何かと便利な一日乗車券を活用してみたい。

1、コミュニティバスでめぐる小さな博物館【首都圏編：その1】

墨田区内循環バス一日乗車券（京成バス）

ものづくりの町として発展した墨田区は、生産者が自らの製品を紹介する小さな博物館を観光資源としてＰＲしている。これらをめぐるには、墨田区が運行するコミュニティバスが便利だ。そこで墨田区コミュニティバスの一日乗車券を使い、ものづくりの歴史と技術を学び、体験してみたい。

押上から錦糸町・両国方面へ

東京スカイツリーの最寄り駅で、都営浅草線や東京メトロ半蔵門線など４路線が乗り入れる押上駅。その地上のロータリーが墨田区内循環バスの起点で、３路線が発着している。今回は錦糸町・両国方面の南部ルートを利用する。９時43分発の便に乗り込み、車内で手持ちのＰＡＳＭＯに大人３００円の一日乗車券を記録してもらう。区内循環バスは１００円均一なので、４回以上乗れば得になる。

隣に並ぶ都営バスよりふたまわりは小さく、ワンボックスカーを少し大きくしたようなバスは、立ち客もいるほどの盛況ぶりである。15分間隔の運行でどの便も混んでいるのだから、区民に根づいていることがわかる。バスは四ツ目通りの東側の道を南下し、春日通りの南側の道を西へ向かい、今度は四ツ目通りの西側の道を南へ走る。メインストリートを走る都営バスとは異なり、路地裏っぽい景色が車窓から味わえるのがコミュニティバスの魅力と言えよう。

錦糸町駅北口で、ほとんどの人が下車する。押上〜錦糸町は地下鉄半蔵門線と都営バスが頻繁に結んでいるが、まわり道でも１００円の運賃で人気を集めているようである。

次の、すみだトリフォニーホール入口で最初の途中下車をする。大横川親水公園を歩き、ＪＲ総武線と京葉道路をくぐって、中山ライニング工業墨田営業所２階の「ブレーキ博物館」を訪ねる。ブレーキ部品と関連部品の供給を行っているこの会社が、ブレーキについて少しでも多くの人に知ってもらおうと開館した博物館である。

ブレーキの歴史と種類についての解説展示を見学し、係員に勧められて自動車体験コーナーへ。運転席でブレーキを操作すると、目の前のフレームのブレーキ系統が作動し、その仕組みがわかる仕掛けである。最初にブレーキを踏んだあと、急ブレーキ時にタイヤのロックを防ぐＡＢＳや、過熱によってブレーキが利かなくなるベーパーロックを体験する。「だから、ポンピングブレーキ（小刻みに何度も踏んでかけるブレーキ）や減速のときのシフトダウンが大切なんですよ」という係員の言葉に、ものすごく説得力を感じた。

懐かしい携帯端末に触れる

すみだトリフォニーホール入口のバス停に戻り、11時26分発に再び乗車する。JR総武線の北側を真っ直ぐ西へ進み、清澄通りに右折した都営両国駅で降りる。日本大学第一高等学校と江戸東京博物館の間の遊歩道に入り、両国中学校の校舎を回り込むと、「NTTドコモ歴史展示スクエア」が見えてくる。

いまや、生活に欠かせなくなった携帯電話。自動車電話やショルダーホン、ポケットベルなどから、携帯電話となって進化していく様子が、時系列的に紹介されている。シニア世代が初めて手にした携帯電話は、どんなものだったのだろうか。私は、丸みを帯びた折り畳み式だった。次は角張ったカメラ・ワンセグつき、次はiPhone5と、懐かしい機種を振り返る。ただ展示されているだけでなく、電源

JR両国駅西口バス停の隣にある力士像

を入れて操作できる端末もあるので、ガラケー時代に流行った絵文字を並べてみたりすることもできるのである。

1時間後のバスで、都営両国駅からJR両国駅西口に移動する。バス停の隣に力士のブロンズ像がある相撲の町の中心だ。両国のご当地グルメと言えば、やはりちゃんこ鍋である。そこで、一人ちゃんこが楽しめる「ちゃんこ巴潟」で昼食にする。3種類ある「ちゃんこ鍋定食」の「幕内」を注文。この日は、鶏肉の旨みが存分に味わえる塩味のつゆに、ゆずを散らした大根おろしが相性抜群の「鳥みぞれちゃんこ」だった。鍋の内容は日替わりとのことで、鳥つ

「両国花火資料館」に展示されている実物の打ち上げ筒

みれ、豚みそ、きりたんぽ風などがメニューに並んでいた。

両国花火資料館と相撲写真資料館

バス停がある駅前通りを京葉道路に突き当たるところまで歩くと、「両国花火資料館」がある。ここは花火の会社ではなく、墨田区観光協会が運営している。安土桃山時代に日本に伝来した花火の歴史や、江戸時代中期に始まった隅田川花火大会のあゆみを知ることができる資料館である。

「掛け声で有名な〝玉屋〟は失火で江戸所払いとなってしまいましたが、〝鍵屋〟はいまも15代目の女性が花火の企画・演出をされているんです」と係員が教えてくれる。尺玉や三尺玉、そして打ち上げ筒の実物も展示されている。二つに割った断面とその花火が夜空に花開いた写真が並べてあり、火薬の種類と花火の色、火薬の配置と花火の模様との関係がよくわかる。

「ハート形や文字は、その形が観客から見えるように、回転しないように上げなければならないので難しいんです」と係員が解説してくれた。

両国花火資料館の東側の路地には、「相撲写真資料館」がある。旧両国国技館の脇に1929年に開業して以来、相撲協会専属のカメラマンを務めてきた工藤写真館のコレクションである。場所ごとに入れ替えて展示される70枚ほどの写真が飾られており、今場所は歴代横綱たちの雄姿が並んでいた。

すぐ近くの「吉良邸跡」（吉良上野介の屋敷跡）も散策し、勝海舟生誕之地・吉良邸跡入口で、15時27分発の便をつかまえる。バスは首都高速7号線をくぐり、江東区との境界付近まで南下して東へ転向。清澄通りを渡り、三ツ目通りの西側の道をひたすら北上する。浅草通りを越えた墨田区役所のバス停で降車ボタンを押した。

グラスに絵や文字を彫る体験をする

区役所のバス停の後方に、カフェのようなたたずまいの「ちいさな硝子の本の博物館」がある。ここは南千住に工場を持つ松徳硝子が運営しており、約８５０冊のガラス関連の書籍を自由に読むことができる。またあらかじめ予約すれば、同社の製品などに、リューターと呼ばれる電動切削工具で絵や文字を彫ることが可能だ。

広口グラスにリューターで自分だけの図柄を彫る

私は広口のグラス（体験料込み２３６５円）を選び、デザイン集を参考にサインペンで花火とスカイツリーの下絵を描いた。その下絵を見たスタッフが、彫りやすい刃先を装着してくれる。初めに、「ミスが目立ちにくい」と教わった花火の丸い模様を彫る。慣れたところで「少し難しい」スカイツリーの直線を仕上げる。不器用な私でも形になったので、新たな趣味を探しているようなシニアは、ぜひ挑戦してみてはいかがだろうか。

およそ1時間のリューター体験を終え、17時15分発のバスに乗車。バスは北十軒川のほとりで右折し、三ツ目通りから浅草通りに入る。押上駅に戻ったのは17時28分と、8時間弱が経過していた。

最後に、東京スカイツリーの展望台から墨田区の街並みを見下ろす。セット券（平日当日券大人3100円）を購入し、高さ450メートルの天望回廊まで一気に昇る。青い照明が幻想的な回廊で、ガラスの向こうの街灯りを見下ろす。それはもう、展望台というより、夜のフライトの眺望に近い高さである。碁盤の目のような墨田区の街に、縦横に規則正しく並んだクルマの光列を見ながら、今日一日の自分の軌跡をたどった。

2、大谷石と餃子のまち宇都宮をめぐる【首都圏編：その2】

JR宇都宮駅前で発車を待つ関東自動車のバス

大谷観光一日乗車券（関東自動車）

栃木県宇都宮市は餃子のまちとして有名である。そしてまた大谷《おおや》石の産地でもあり、採掘場跡は観光用に公開され、市内には大谷石を使った建造物が数多く分布している。そこで「大谷観光一日乗車券」を片手に、関東自動車のバスに乗って市内を散策し、宇都宮餃子を味わってみた。

シルクロードを連想させる大谷寺

ＪＲ宇都宮駅西口には、「餃子のビーナス」像が立っている。一世帯あたりの餃子年間購入額が常に全国でベスト3に入る宇都宮市は、〝餃子のまち〟として名高い。そしてこの「餃子のビーナス」像の素材は大谷石である。大谷石は流紋岩質角礫凝灰岩の石材で、古くから宇都宮市の大谷地区で産出されてきた。柔らかく加工しやすいため、民家の外壁や土蔵、石垣などに使われてきた。関東地方で育ったシニアなら、駅のホームでもよく見かけたと思う。

そんな大谷石の採掘場跡と建造物めぐりに便利なのが、「大谷観光一日乗車券」（大人1850円）である。JR宇都宮駅〜大谷地区間の関東自動車のバスなら、路線にかかわらず乗り放題で、大谷寺の拝観券、大谷資料館の入場券がついているだけでなく、沿線施設の割引特典まである。JR宇都宮駅西口向かい側の関東自動車の定期券センターで、この一日乗車券を購入した。

甲子園大会の常連校・作新学院の生徒が列をつくる西口6番乗り場へ移動する。彼らと一緒に乗り込んだのは、8時10分発の立岩《たていわ》行きである。駅から西へ延びる大通りを進み、県庁前、東武駅前、裁判所前と停まり、中心市街地から住宅街へ。作新学院前で生徒たちを降ろして身軽になったバスは、大谷橋で右折してすぐ大谷観

背後の岩壁に抱かれるように建つ大谷寺

音前に停車した。

バス停前方の突き当たりにあるのが、大谷観音と呼ばれる大谷寺（大人500円／「大谷観光一日乗車券」提示で無料）である。大谷石の岩壁に抱かれるように建つ本堂が珍しい。堂内は洞窟に続いており、岩肌に弘法大師の作と伝えられる本尊の千手観音のほか、釈迦三尊、薬師三尊、阿弥陀三尊などが刻まれている。

あたかも、シルクロードの石窟寺院に迷い込んだかのようだ。

大谷寺門前の切り通しを抜けた岩壁には、高さ27メートルもある平和観音が鎮座する。戦後まもない1948年から6年の歳月をかけ、戦没者供養と世界平和祈願のため、大谷石の石切場の跡に彫刻された。日光輪王寺の高僧が開眼供養を行ったそうである。

地下採掘場跡を訪ね宇都宮餃子を食す

バス通りに戻り、立岩方面に向かって歩く。ほどなく右手の姿川沿いに「大谷景観公園」がある。大谷石がむき出しになった岩肌が300メートルにわたって続く公園だ。柔らかな大谷石が姿川の流れによって削られ、なんとも不思議な造形美を見せている。

15分ほど歩いて「大谷資料館」（大人800円／「大谷観光一日乗車券」提示で無料）に到着。まずは展示資料で大谷の地質、そして手掘りから機械掘りへ、露天の石切場から地下の採掘場へと変化してきた大谷石採掘の歴史について学習する。大谷石運搬のために敷設されたという、宇都宮軌道運輸の路線図が興味深かった。

続いて、およそ2万平方メートルあるという広大な地下採掘場跡へ。長い石段が地下30メートルの世界にいざなってくれる。平均気温8度前後という坑内は、まるで冷蔵庫のようにひんやりとしている。淡い白熱灯が照らしだす壁面に、地下神殿を思わせる神秘的な雰囲気が漂っている。映画の撮影やコンサートが何度も行われているそうで、クリエイターの感性をも刺激するアーティスティックな空間と言ってよいだろう。

資料館入口のバス停から、11時12分発の宇都宮駅行きに乗車した。中丸公園前のバス停まで戻り、住宅街にある餃子店「幸楽」に立ち寄る。念願の宇都宮餃子とライスを注文。パリッとした薄めの皮に包まれた餃子は、ニラ多め、ニンニク控えめでクセがなく、二人前12個をあっというまに平らげてしまった。

店はお昼の12時を待たずに早くも満席となった。駐車場のクルマはみな宇都宮ナンバーだ。駅前周辺の有名店とは異なる、こうした地元の人気店の味との出合いは、路線バスの旅の醍醐味と言ってよいだろう。

水彩画を鑑賞して戦禍を逃れた礼拝堂へ

いくつもの路線が通過する中丸公園前のバス停は、次から次へとバスがやってくる。11時52分発の富士見ヶ丘団地行きに乗車し、作新学院前の二つ先、桜通十文字で降車ボタンを押した。

バス停後方の路地を入ると、「栃木県立美術館」（大人260円）が見えてくる。「栃木県立美術館」は、栃木県を中心とした国内画家の作品と西欧の近現代美術作品に加え、版画、挿絵、写真など9000点近くをコレクションしている。年4回の展示替えを行い、それらを順に公開しているという。

この日は、企画展「水彩画の魅力 ターナーから清水登之まで」（大人700円）の開催期間中で、約150点の水彩画を紹介していた。日光二荒山《ふたらさん》神社の神官の子だった小杉放菴が描いた『日光東照宮』は、小雨降る杉木立の参道の静寂が伝わってくるような臨場感があった。

美術館から日光街道を挟んだ反対側に、大谷石の教会があると聞いて訪ねてみる。

「日本聖公会宇都宮聖ヨハネ教会」は、1933年に建てられた礼拝堂である。第二次世界大戦の戦災を免れ、建設当時の姿のまま残っている。長方形の礼拝堂と四角い鐘塔からなる建物は鉄筋コンクリートづくりで、外側に上質な大谷石が貼り付けられている。質素ではあるが、とても風格がある建物だ。室内も見学してみたかったが、併設している幼稚園の門が閉ざされていたため、それは叶わなかった。

最大級の大谷石建築を誇る教会

礼拝堂から大通りに出たところに、桜小学校入口のバス停がある。桜通十文字より東側は、十文字から大通りに入る路線でさらにバスが増え、もう時刻表などいらないくらいだ。14時07分発のJR宇都宮駅行きに乗ると、前方の運賃表示機にずらりと金額が並んでいる。日光市内からやってきたバスのようだ。そんなバスにわずか5分だけ揺られ、東武駅前で降車した。

東武宇都宮駅の東側を線路沿いに歩くと、立派なロマネスク様式の建物が出現する。「カトリック松が峰教会」である。函館のトラピスチヌ修道院と同じマック

最大級の大谷石建造物である「カトリック松が峰教会」

ス・ヒンデルが設計し、1932年に完成したものである。大谷石の建造物としては最大級だという。こちらは門も扉も開かれており、信徒や観光客が自由に出入りできる。美しいアーチを描く柱と壁、整然と並ぶ木製の椅子、その厳かな雰囲気に、思わず息をのんだ。正面奥には、バロック様式の大きなパイプオルガンがある。いったいどんな音色を奏でるのか、聴いてみたかった。

東武宇都宮駅前から続くアーケードのオリオン通りを歩く。「大谷観光一日乗車券」を見せるとソフトドリンクが50円引きになる「宇都宮アンテナショップ宮カフェ」には、新鮮な地場産農産物とその加工品が並んでおり、駅の売店では買えない宇都宮みやげが手に入る。

大通りを渡り、95段の石段を上って、宇都宮二荒山神社を参拝した。

最後に、二荒山神社の下の馬場町バス停から乗車する。東武宇都宮駅以東はさらに路線が増えるので、関東自動車のバスが列をなしていた。そんなバスの一台に拾われて、16時前にJR宇都宮駅に到着した。

3、三浦半島で三つの港の個性を体感する【首都圏編：その3】

三浦半島1DAYきっぷ（京浜急行バス）

京急の電車とバスをセットにしたフリー切符で、三浦半島を縦横に移動できる。その沿線にはヨットハーバー、軍港、漁港と、趣の異なる港が点在し、海軍カレーやまぐろなど、それぞれの町のご当地グルメも楽しめる。京浜急行バスを何本も乗り継いで、それらの点を一つの線につないでみよう。

源頼朝ゆかりの古社から望む裕次郎灯台

京浜急行電鉄逗子線の終着駅「逗子・葉山」で降り、前方の南口自動改札機に「三浦半島1DAYきっぷ」を通す。「三浦半島1DAYきっぷ」は、京急電車の往復切符に、金沢文庫以南の電車と三浦半島の京急バスが乗り放題になる切符を組み合わせたものである。品川発着の販売額が大人1960円であるのに対して、この旅の往路＝品川〜逗子・葉山間の運賃は650円、復路＝三崎口〜品川間の運賃は950円だから、京急バスに360円分以上乗れば得になる。

2番乗り場から、9時17分発の逗12系統・葉山一色行きに乗車する。始発のJR逗子駅から乗った人たちが、8割方の座席を埋めている。ほどなく田越川を渡り、川沿いの狭い旧道に右折する。河口近くで国道134号を越え、洒落た店舗やヨットハーバーがあるリゾートエリアへ進んで行く。さらに、古い住宅街に入った森戸神社のバス停で途中下車した。

白亜の裕次郎灯台と記念碑

森戸神社は、源頼朝が三嶋神社の分霊を勧請《かんじょう》したことが起源と言われる。参道の松並木が強い海風にさらされ、幹を大きく傾けている。社殿の背後は、荒々しい岩礁に白波がくだける葉山海岸。濃紺の海原には、江ノ島が浮かんでいる。相模湾を挟んだ富士山や伊豆に陽が傾く「森戸の夕照」は、神奈川の景勝五十選の一つだそうだ。

　左手の沖合には、白亜の裕次郎灯台。逗子・葉山は、俳優の石原裕次郎が中学校時代から暮らした町でもある。灯台は裕次郎の三回忌を記念して、兄の慎太郎氏が建てたものだという。海岸には記念碑もあり、裕次郎を偲ぶ詩が刻まれている。私はテレビドラマ『太陽にほえろ！』のボス、小太りなおじさん裕次郎しか知らないが、若くてカッコ良かったころの裕次郎に憧れ、映画館に通ったというシニアもいるだろう。

3本のバスを乗り継いで三浦半島を横断

バス停に戻り、10時11分発の逗11系統・葉山町福祉文化会館行きに乗車する。葉山の海岸線を走るバスは15分おきにあるが、横須賀方面への乗り継ぎに便利な逗11系統は平日のみ毎時1本しかない。「葉山御用邸」と、その付属邸跡地に開設された「葉山しおさい公園」を車窓に見ながら、国道134号との合流地点にある葉山バス停を通過する。逗12系統がここで終点になるのに対し、逗11系統は国道を逗子駅方向に戻るように進む。横須賀方面に向かう県道との丁字路、葉山大道のバス停で下車した。

後方の横断歩道を渡り、県道上のバス停で、10時26分発の逗15系統・衣笠駅行きをつかまえる。逗11系統は少し遅れていたものの、30分間隔の逗15系統に間に合ったのでホッとする。県道は右に左に緩やかなカーブを描く上り坂で、緑のなかに家屋が点在する三浦半島の背骨みたいな尾根を越えていく。横浜・横須賀道路をくぐれば住宅街で、葉山町から横須賀市に入る。断続的な渋滞が始まり、バスはじりじり遅れていく。衣笠駅を目指して右折した池上十字路のバス停には、10分遅れて到着した。ここでもう一度、乗り換える。

ただし、この先のバスは5～10分間隔のダイヤとなる。遅れを気にすることなく向かい側に渡り、アーケードのある歩道のバス停で、10時55分発の汐10系統・汐入駅行きに乗り込む。道は再び上り坂になり、JR横須賀線がトンネルで貫いている高台を越えていく。坂を下って京急本線のガードをくぐり、汐入駅のロータリーに到着した。

国道16号を少し歩き、「ハングリーズ」で早めの昼食をとる。海軍カレー、ネイビーバーガー、チェリーチーズケーキがセットになった「横須賀グルメプレート」（1800円）は、横須賀のご当地グルメがすべて盛り込まれたお得なメニューだった。

軍港をめぐり半島南端の三崎港を目指す

国道16号を歩道橋で越え、「COASKAベイサイドストアーズ」2階の汐入ターミナルチケット発券所へ向かう。「YOKOSUKA軍港めぐり」（大人1600円）のチケットを購入し、汐入桟橋から12時ちょうど発の「Sea Friend 7」に乗船する。明治時代から軍港として発展し、現在はアメリカ海軍と海上自衛隊の施設が置かれている横須賀の港で、一周およそ45分のクルージングを楽しめる。出航してすぐに、右手にはアメリカのイージス艦が見える。日本人男性ガイドの解説が始まり、その役割と性能、乗員数などを教えてくれる。この右手一帯がアメリカ海軍横須賀基地で、アメリカ海軍関係者とその家族、およそ2万5000人が居住しているという。学校、病院、映画館、教会など、墓地以外のあらゆる施設があるそうだ。

左手の吾妻島を回り込んだ長浦港には、海上自衛隊の司令部がある。掃海艦「うらが」の甲板で、昼休み中の乗員たちが手を振っている。乗組員たちのご機嫌な様

長浦港に停泊中の海上自衛隊の掃海艦「うらが」

子を見たガイドは、「今日は金曜なので、美味しいカレーを食べたのでしょう」と言う。長い航海中に曜日感覚を失わないよう、毎週金曜日の昼食はカレーと決まっているそうだ。カレーは各艦船が独自のレシピで調理する。「チケット発券所の売店でもレトルト食品として売っているので、おみやげに買ってください」とガイドがつけ加えた。

汐入桟橋近くの汐留バス停で、13時11分発の須7系統・三崎港行きに乗車する。バスは本町一丁目で右折し、京急横須賀中央駅に続く繁華街で、次々に乗客を拾う。高台の古い住宅地を抜け、JR衣笠駅近くの衣笠十字路で停車した。

そして再び半島の背骨を越え、西海岸の国道134号に出る。車窓には、見渡す限りの畑が広がってくる。ここはもう三浦市である。京急久里浜線の終点・三崎口駅に寄ったのち、急坂を下って三崎港に到着した。

昭和レトロな三崎港を散策する

まぐろ漁船の拠点として知られる三崎港。1960年代には〝眠らない街〟と呼ばれ、三つの映画館と無数の遊興施設、そして花街が大いに賑わった。夜は長靴に札束を入れた漁師が街を闊歩し、朝は子どもたちが路地に落ちている小銭を拾って歩いたという。しかし冷凍技術の進化とともに、安い外国産のまぐろが市場を席捲していく。まぐろ漁船の数はどんどん減少し、現在は500人足らずの漁師が冷凍船によるまぐろ漁を続けているそうだ。

昭和レトロな三崎の下町の一角にある「チャッキラコ・三崎昭和館」を訪ねる。蔵づくりの商家のなかに、懐かしい家具や家電を並べ、昭和の暮らしを再現した資

三崎港を横目に走る京浜急行バス

料館だ。ここでは、江戸時代から続く大漁祈願の踊り「チャッキラコ」も紹介している。「チャッキラコ」は、三崎の仲崎・花暮地区に伝わる小正月の伝統行事で、晴れ着姿の幼い女の子たちが海南神社などに踊りを奉納するものである。もともとは仲崎・花暮地区の漁師の娘だけが踊ることを許されたが、継承者が減少したため、いまは三浦市の小学生以下の女子から広く参加を募っているらしい。

産直センター「うらり」で格安な冷凍まぐろをみやげに購入し、まぐろの仲買人が店主を務める三崎港バス停近くの「庄和丸」で夕食をとる。中とろと赤身の刺身、竜田揚げなどがセットになった「三崎まぐろ御膳」で満腹になったところで、18時前、三9系統・三崎口駅行きに乗って三崎港をあとにした。

4、中伊豆で大正時代の面影にふれる【首都圏編：その4】

天城路フリーパス（東海自動車）

伊豆半島全体をカバーする東海自動車には、全線とエリアごとのフリーパスやフリー切符がある。大正時代の面影を残す中伊豆をめぐる旅も、フリーパスの一つで楽しむことができる。早春の日曜日、「天城路フリーパス」を使い、下田街道沿いを散歩した。

修善寺駅前から下田街道を南下する

JR三島駅から伊豆箱根鉄道駿豆《すんず》線で35分。終点の修善寺駅は、中伊豆・西伊豆

修善寺駅前に並んだ東海自動車のバス

観光の玄関口である。さっそく東海バスターミナルの窓口で「天城路フリーパス」（大人2400円）を購入する。中伊豆エリアの東海バスに2日間、乗り降り自由という乗車券である。

5番乗り場に、11時35分発の天城峠線河津駅行きが入線する。バスの前面に、ショッピングカートの手すりのような装置がついている。これはサイクルラックと呼ばれるもので、天城峠線のバスはこのラックに2台、車内に1台、自転車を積むことができる。修善寺駅前では、電動アシストつき自転車をレンタルできるショップも営業している。バスと組み合わせれば、バス停から離れた林道や温泉などを観光コースに加えることができる。

この便には観光客の姿はなく、地元のお年寄り

2人を乗せて発車した。夏はアユ釣りで賑わう狩野川の赤いトラス橋を渡り、国道414号・下田街道を南下する。狩野川左岸の段丘を走る下田街道は、どこまでも緩い上り坂が続く。湯ヶ島温泉口のバス停を過ぎると、民家が途絶えて左右の山がせまり、運転士がギアを5速から4速に落とした。

下田街道を走る乗合バスが開業したのは1916年。幼いころを湯ヶ島で過ごした井上靖の自伝小説『しろばんば』に、試運転のバスが湯ヶ島の村役場に現れた日の様子が描かれている。

初めは遠慮して、少し離れたところから見ていた子どもたち。やがて近づいて車体に触ったり、乗り込んでみたりする。バスの登場で職を失いそうな馬車曳きと、バスの運転士を親戚に持つ男の喧嘩も起こる。そして数か月後、紅白の幕で車体を飾られた一番バスが、砂埃を上げながら湯ヶ島に到着する。村長をはじめとする村人全員、子どもたちは授業を繰り上げて迎えたそうである。

『天城越え』『伊豆の踊子』の地をめぐる

修善寺駅から30分ほど揺られた浄蓮の滝で降りる。およそ200段の石段を下り、高さ25メートル、幅7メートル、天城山中随一の大きさを誇る浄蓮の滝を間近に見る。石川さゆりの『天城越え』で一躍有名になり、この日も多くの観光客を集めていた。滝壺のほとりにある苔むした大きな岩に、その歌詞と楽譜が刻まれていた。

石川さゆりの『天城越え』に唄われた浄蓮の滝

滝壺から続く清流に「天城国際鱒釣場」がある。入漁料（1時間1660円〜1日4130円）を払えば、誰でもニジマスとアマゴの釣りが楽しめる。何組かの家族連れが楽しそうに糸を垂れている。河原には緑鮮やかなわさび田があり、獲れたての生わさびやわさび漬けなどを直売していた。

「浄蓮の滝観光センター」のレストランで昼食をとる。「上天ざるそば」の薬味に、生わさびが添えられているのは産地ならではである。おろし方を指南してくれた店員によれば、わさびをつゆに入れず、そばにのせて食べるのがお勧めとのことだった。


浄蓮の滝13時48分発の河津駅行きに、シニア夫婦とともに乗車する。天城峠線は浄蓮の滝から天城峠を挟み、椎の木上までが、バス停以外でも乗り降りできる自由乗降区間となる。杉木立を抜けた昭和の森会館で、そのシニア夫婦は下車した。

私はさらに四つ先の水生地下で降車ボタンを押した。けれど運転士はバス停を通り過ぎ、旧道との分岐点でバスを停めた。水生地下で降りる観光客なら、旧天城トンネルに行くに違いないと考えたのだろう。まさに正解で、ベテラン運転士の推察力に驚きながら、自由乗降制の恩恵に与った。

現在のバスが走る国道414号に、新天城トンネルが開通したのは、1970年のことである。それまでは、バスもマイカーも旧道を走っていた。いまも未舗装の

明治時代に掘られた旧天城トンネル

ままの旧道を歩く。雑木や杉の林のなか、右に左に緩やかなカーブを描いて道は続いている。初めは近かったせせらぎの音が、いつのまにかはるか下から聞こえ、かなり上ってきたことがわかる。30分ほど歩くと、トンネルの入口が見えてきた。

全長約450メートルの旧天城トンネルは、明治時代の1905年に開通した。坑門のアーチも、トンネル内部も、すべて石づくりである。石は風化して丸みを帯び、苔に覆われ、長年の風雨に耐えてきたことがわかる。なかに入ると冷たい向かい風が吹いてくる。左右交互に配された白熱灯が壁面を照らし、ところどころに水が染み出ている。ふいにポタッと首筋に水滴が垂れ、思わず身震いしてしまう。

このトンネルは、川端康成の小説『伊豆の踊子』の舞台でもある。湯ヶ島で出会った旅芸人一座の踊子に惹かれた20歳の一高生「私」。一座を追いかけ、この旧天城トンネルで再会し、下田まで一緒に旅をする。「私」というのは川端康成のこと。旅をしたのは1918年だから、乗合バスの開通とほぼ同じ時代の話なのである。

トンネルから約20分歩くと、『天城越え』で唄われる寒天橋。たもとのバス停は八丁池線のもので、4月から11月の土日祝日には、15時14分発の河津駅行きがある。この日は運行日ではなかったのでさらに約10分歩き、二階滝のバス停で天城峠線を待った。

川端康成が滞在した旅館で日帰り入浴を楽しむ

二階滝を15時21分に出発する河津駅行きに乗車する。乗客は私1人だけで、車内は閑散としている。椎の木上で自由乗降区間が終わり、二重のループで45メートルの高低差を駆け下りる河津七滝《ななだる》ループ橋にさしかかる。なんともダイナミックなこの橋が完成したのは１９８１年である。

橋の下に着くと、バスはいったん国道を外れ、河津七滝のバス停に寄り道。河津七滝の散策を終えたシニアの団体が乗り、車内が急に賑やかになる。車窓に見える大滝《おおだる》温泉「天城荘」は映画『テルマエ・ロマエ』のロケが行われたところとして知られている。大滝のしぶきがかかる露天風呂は、水着着用の男女混浴で、「天城路フリーパス」には水着の無料レンタル券がついている。

国道に戻ってまもなく、15時48分に到着した湯ヶ野で下車。河津川の木橋を歩いて渡り、湯ヶ野温泉「福田家」を訪ねる。福田家は、１８７９年創業という老舗旅館である。川に面して客間が並ぶ木造2階建ての建物は、昔の湯治場の雰囲気が漂っていて魅力的だ。この宿の一室に19歳の青年だった川端康成が滞在したという。『伊豆の踊子』のなかでは、向かいの宿に泊まった踊子が男客に汚されていないかと案じながら、「私」が切ない一夜を明かす部屋として登場する。

最後に、福田家で日帰りの入浴（大人８００円）をすることにした。開放的な露天の岩風呂は、心地良い温度の優しいお湯で、いつまでも浸かっていたくなる。福田家には川端康成のお気に入りだった内風呂「榧《かや》風呂」があるが、バスの時刻がせまってきたので残念ながら断念した。湯ヶ野16時34分発の修善寺駅行きで再び天城峠を越えた。

5、さいはての絶景と海の恵みを満喫【全国編：その1】

礼文島内路線バス1DAYフリー乗車券（宗谷バス）

北方領土を除くと、日本最北の有人島となる礼文《れぶん》島。昆布漁が解禁となり、ウニやボタンエビが旬を迎える短い夏には、観光客が押し寄せ、島はにわかに活気づく。島の玄関口となる香深《かふか》港から最北端のスコトン岬まで、宗谷バスに乗れば、さいはての旅をより楽しむことができる。

利尻富士を車窓に東海岸を北上する

礼文島の東海岸を走る宗谷バス

稚内港を早朝6時20分に出たハートランドフェリーは、礼文島の南部にある香深港に8時15分に接岸した。乗客のほとんどは、迎えのクルマかレンタカーショップに急ぐ。けれど私はバスの発車まで時間があるので、港近くの「礼文町郷土資料館」を見学することにした。ここで島の歴史と産業、動植物などについて予習する。「れぶん」はアイヌ語の「レプンシ」(「沖の」という意味)が転訛したものだという。江戸時代中期に松前藩宗谷場所が開設されると、漁を通じたアイヌと和人の交易の地となる。そして1956年、全島を統括する礼文村が誕生した。当時の写真には、宗谷バスのボンネットバスの姿があった。

香深港に戻り、9時25分発のスコトン行きに乗車する。運転士から「礼文島内路線バス1DAYフリー乗車券」（大人2000円）を購入する。毎年4月下旬から10月末日まで購入できるフリー切符である。今日は島の最北端、バスの終点のスコトン岬に泊まるので、バスに乗るのは片道だけの利用である。合計運賃（1850円）を上回るが、乗車のたびに小銭を用意する煩わしさから解放されるし、旅の記念にもなるので、使ってみることにした。

香深の港と市街地で20人ほどが乗り込んだ。ほとんどがシニア世代の観光客で、礼文岳に登る登山スタイルの人もいた。入山場所と下山場所が異なる場合、マイカーやレンタカーを使いにくく、登山客にとって路線バスはなくてはならない存在なのである。

バスは東海岸の道道を北上する。緑の斜面がそのまま海へと落ち込む険しい地形で、何度か覆道《ふくどう》（雪崩や落石から道路を守るトンネルのようなもの）をくぐる。海の向こうの利尻富士を見つめているうち、「次はキトウス」の車内アナウンスが流れ、降車ボタンを押す。

訪ねたのは、船泊漁協が運営する「うにむき体験センター」（体験料：１個８００円）。いけすから拾い上げたばかりのウニを、女性職員に教わりながら自分でむいて、洗って食べてみる。その旨さに、もう１個！　とお代わりしたくなるが、ここは我慢する。島をさらに北上すれば、漁協直営の食堂があると聞いたからで、そちらを目指すことにした。

漁協直営食堂で北の幸を堪能する

次のバスが来るまで、センターの周辺をぶらぶら散歩していると、小さな集会所を見つけた。そこに「〝起登臼〟自治会館」と掲げられており、「キトウス」に漢字があることを知る。崖の上まで続く長い屋根つき階段の下には、「津波避難場所」という案内板がある。バスが走る道道はどこまでも海岸線をたどるので、万が一、津波が押し寄せてくれば、クルマを捨てて高台に逃げるしかないのである。

キトウスを11時08分に出るスコトン行きのバスに乗車する。礼文島内の宗谷バス

5種類のネタがご飯と別に出される「あとい」の海鮮丼

は、香深の市街地を除いて自由乗降制なので、運転士に「漁協の食堂まで」とお願いする。礼文岳の登山口にあたる内路《ないろ》バス停で若い女性2人が降り、シニア世代の女性5人が乗り込んでくる。彼女たちもまた、礼文岳を制覇してきたようである。礼文高校を見上げる高校前バス停を通過すると、まもなく内陸に入る道道を外れ、海岸の上泊と高山の集落を経由する。そして金田ノ岬の先端で、バスは停まった。

目の前に「あとい」の看板を掲げる漁協直営の小さな食堂がある。ウニ丼を食べに来たのだけれど、写真入りのメニューを見るうち、彩りが鮮やかな「海鮮丼」に惹かれて注文する。丼とはいいながら、ウニ、イクラ、ボタンエビ、ホタテ、タコという五つのネタが、ご飯とは別盛りで出されてくる。

ウニはもちろん、旬を迎えたボタンエビの濃厚な甘みもたまらない。卓上に置かれた昆布醤油が、ウニやボタンエビの甘さをさらに引き出してくれる。昆布はウニの餌であり、道北の良質な昆布がウニを美味しくしているのだと聞いたが、この卓上でも、昆布はウニの美味しさを演出する名脇役だった。

短い夏を彩る高山植物と豊かな自然

スコトンで折り返してきたバスを12時過ぎに手を振って停め、先ほど来た道を10分ほど南へと進む。今度は上泊集落の先、道道との交差点で降ろしてもらう。緩い上り坂の道道を歩くこと約20分。山小屋風の「高山植物園」の受付棟にたどりつく。受付棟には、無菌培養された鉢植えのレブンアツモリソウ。透明感のあるクリーム色の花びらが美しい。約50種、2万本の高山植物が生育する園内では、色とりどりの花が短い夏を謳歌するように咲き競っている。本州では2000メートル級の

「高山植物園」から望む利尻富士

高山でしか見られない植物が、礼文島では海抜0メートルの土地にも根づいているそうだ。植物園から見渡す緑の草原、青い海、そして利尻富士が素晴らしかった。

道道を下り、上泊と高山の集落を散策。漁港に面した作業小屋を覗くと、もずくを塩樽に漬けていたおじいさんが招き入れてくれる。昆布漁に出たものの、今日はヤマセ（東風）が強くて収穫できず、代わりにもずくを採ってきたという。「食べてごらん」とひとつまみ差し出した。聞けば、良質の昆布を都内のデパートに直接納品しているそうで、どうやら昆布漁の達人だったのかもしれない。

作業小屋近くの南高山バス停から、15時31

分発のバスに乗る。バスは金田ノ岬の「あとい」の前を通過し、船泊漁港をかすめて、船泊の市街地へと進む。病院前のバス停で降りると、バスに先客として乗っていたアジア人の家族連れも一緒に下車した。たくさんの荷物を持っており、キャンプ場で一夜を過ごすようである。

キャンプ場を通り抜け、一周４・２キロメートルの久種《くしゅ》湖のほとりの遊歩道を散策する。周囲はハンノキやイタヤカエデが茂る湿地帯で、春にはミズバショウの花が咲き誇る。東側の道道の歩道からは、湖面に映る〝逆さ礼文岳〟が見えるはずなのだが、先ほどまで輝いていた太陽が雲に隠れてしまい、残念ながら湖面は山を映してくれなかった。

海を望むさいはての岬の宿に泊まる

病院前のバス停から、17時39分発のスコトン行き最終バスに乗車する。白浜集落の先で、道道は急な上り坂になり、バスは岬に続く丘の上を走る。ほどなくスコトン停留所の待合小屋が見えるが、そこには停まらず、ぐんと道幅が狭くなった道を

スコトン岬とトド島

岬まで北上する。真っ白なオオハナウドの花に囲まれたレストハウスの駐車場で終点となった。

礼文島最北の地・スコトン岬。北緯45度27分51秒の断崖に立ち、黒褐色の岩礁が点々と続く先のトド島を見つめながら、晴れた日には見えるというかつての樺太、サハリンの島影を想像した。

この岬の断崖の下に、まるで船小屋のようなたたずまいの民宿がある。その名も「民宿スコトン岬」。今夜はこの宿の海側の部屋に泊まった。夕食の膳には昼にも食べたウニとボタンエビに加え、傷みやすいため産地でしか食べられないというホッケの刺身も並んだ。

さいはての日の出をひと目見ようと、翌朝、スマホのアラームを鳴らして4時に起きる。部屋のカーテンを開けてまだ暗い水平線に目を凝らすと、やがて太陽が顔を出し、海面をオレンジ色に染めていった。やがてどこからともなく小舟が1隻、また1隻。手足を起用に使い、昆布漁を始めた。どうやら昨日のヤマセは止んだらしい。

6、修験道の根本道場で山岳信仰文化にふれる【全国編：その2】

つるおか1日乗り放題券（庄内交通）

修験道を中心とした山岳信仰の地・出羽三山。かつて修験者たちが歩いた険しい道を、いまは庄内交通の路線バスが通っている。夏の終わり、東京から夜行高速バスに乗って鶴岡に向かい、山の天気に翻弄されながら聖地をめぐった。

国指定の名勝・玉川寺の庭園に向かう

東京駅から庄内交通の夜行高速バスに乗れば、翌日の早朝にJR鶴岡駅近くのエスモールバスターミナルに到着する。エスモールバスターミナルの庄内交通チケットカウンターは朝6時45分から営業しており、ここで「つるおか1日乗り放題券」が購入できる。鶴岡市街地を対象にしたAコース（大人500円）、湯野浜・湯田川温泉が含まれるBコース（同1000円）、鶴岡市内全域が対象のCコース（同2000円）があり、今回の旅ではCコースを使用することにした。

7時50分発の羽黒山頂行きに乗車する。大きなリュックを背負ったシニアのグループが乗り合わせる。バスはJR鶴岡駅に寄ったのち、駅前通りを南下していく。蔵づくりの商店を横目に内川を渡ると、歩道がアーケードに覆われた銀座通りを走る。

「左よし、右よし、信号よし！」と指差喚呼を繰り返す若い運転士。きびきびした態度が気持ちいい。深刻なバス運転士不足が叫ばれる昨今だが、こういう若い人が

羽黒山麓の大鳥居をくぐる庄内交通の路線バス

バス運転士を志してくれることはありがたい。

市街地を抜け、赤川を渡ると、豊かな水田地帯になる。ときおり越える水路の橋がみな神社の太鼓橋のように赤く塗られており、いかにも修験道場へと続く道という感じだ。30分ほどすると、高さが20メートルある朱塗りの大鳥居が目の前にせまる。いよいよ羽黒山の入口である。ここで最初の途中下車をするが、目的は羽黒山ゆかりの地ではなく、国指定の庭園を見ることである。

水路を走る水の清々しい音を聴きながら、水田のなかを15分ほど歩き、鎌倉時代に創建された曹洞宗の禅寺・玉川寺《ぎょくせんじ》へと向かう。

玉川寺には、室町時代につくられ江戸時代初期に改修された庭園があり、国指定の名勝となっている。古びた石組みは禅寺らしい静けさと厳しさを持ち、見る者を安らかな気持ちにさせてくれる。ほかに拝観者がいないので、本堂からも書院からも庭を眺め、池のほとりに立ったりして、心地良い静寂を満喫した。

羽黒山頂を目指したが……

大鳥居を見上げるバス停に戻り、10時11分発の羽黒山頂行きに乗車する。バスは水田地帯から羽黒山麓へと上っていく。羽黒案内所バス停からバスが旧道に入ると、門柱にしめ縄を飾った何軒もの宿坊が目に入る。宿坊では精進料理が振る舞われ、朝は祈禱が行われるという。いまも息づく山岳信仰の文化を感じながら、宿泊することができるのである。

羽黒随神門のバス停で下車。随神門とは、羽黒山参道の入口に建っている赤い山門のことである。神社に山門があるのは不思議だが、明治政府が天皇を中心とした新たな国家をつくるため、神仏分離、つまり神社と寺院を明確に分けることを命じるまで、出羽三山は神仏混交の地だったのだ。かつて仁王像が安置されていた門に、悪霊の侵入を防ぐ門番の随神が鎮座したため、そう呼ばれるようになった。

杉木立のなかに石段が続く羽黒山参道

随神門をくぐり、鬱蒼とした杉木立のなかの石段を下った谷底に、祓《はらい》川が流れている。古来、参拝者が身を浸し、清めてきたことから、名づけられたそうだ。身を清めないまでも、気持ちを引き締めて進めば、推定樹齢1000年以上、根まわり10・5メートルという「爺スギ」が現れる。そしてその先に、室町時代に再建された高さ約29メートルの国宝・五重塔が建っている。

軒の長い優美な棟を見上げていたら、突然、激しい雨が降り出す。この先、羽黒山頂までは2446段の石段を上らなければならないが、この雨では足下がぬかるんで危なそうだ。そこで今回は徒歩での参拝をあきらめ、いったん羽黒随神門のバス停に戻って、バスで山頂を目指すことにした。

羽黒山頂の宿坊で精進料理を味わう

随神門を出ると、ピタリと雨が止んだ。めまぐるしく変わる夏山らしい天気である。羽黒随神門11時15分発のバスは、7月の毎日と8月の土日祝日に限り、終点の羽黒山頂バス停で月山八合目行きに接続している。そのバスに乗り継いで月山の山頂に挑むのか、またもや大きなリュックを携えた先客が乗っていた。

山岳信仰の文化を紹介する「いでは文化記念館」の前を通過すると、「これより

羽黒山の「斎館」で提供されている精進料理の膳

カーブが続きますのでご注意ください」という車内放送が流れる。ほどなく羽黒山有料道路に入り、どんどん高度を上げていく。石段2446段分の高低差約300メートルを、バスはわずか15分で上りきり、標高414メートルの終点・羽黒山頂に到着した。

山頂の出羽神社の境内を通り抜け、上るつもりだった石段を30段ほど下って、初めに宿坊の「斎館」を訪れる。「斎館」は、明治時代まで華蔵院という寺院だった建物を使用している。ここでいただく昼食は、もちろん精進料理である。大小10あるお椀には、菊の花のおひたしやう

出羽三山の三神が合わせて祀られている三神合祭殿

どのごま和え、ごま豆腐のあんかけや揚げなすの田楽などが盛られている。

羽黒山の精進料理は修験者が考案したもので、山菜や野菜などの食材が乏しくなる冬場を乗り切るための保存食である。修験者の保存技術と調理方法は、長年にわたって大切に継承されてきたそうだ。

昼食後は出羽神社に戻り、羽黒山・月山・湯殿山の三神を合わせて祀る三神合祭殿を参拝する。江戸時代後期に再建された重厚な茅葺きの社殿である。月山神社は海抜１９８４メートルの山頂、湯殿山神社は深い渓谷にあり、冬季には参拝できないため、出羽三山の祭典はすべて羽黒山で行われる。いわばここは、修験道の根本道場である。

さらに、広い境内の一角に建つ「出羽三山歴史博物館」（大人300円）に入館してみた。山伏修行に代表される神仏習合時代に育まれた出羽三山の独特な文化と伝統、四季それぞれの神事を詳しく知ることができる。

季節運行バスで羽黒山頂から月山八合目へ

せっかく庄内交通月山線・羽黒山頂〜月山八合目間の運行日にやってきたので、羽黒山頂14時05分発の最終便に乗り、月山八合目まで1往復してみる。「つるおか1日乗り放題券」のフリー区間外になるので、片道1590円の運賃を降車時に支払うことになる。乗り合わせたのは登山客2人組だけで、彼らは月山八合目近くの山小屋に泊まるのだそうだ。

「月山1号車、定刻発車します」と営業所に無線を入れる女性運転士。細い山道を上っていくので、大型観光バスなどと鉢合わせしないよう、バスの所在を営業所に知らせるのだ。隣には運転士OBの男性が添乗員として立ち、対向車に目を光らせている。バスは、2018年の豪雨による不通区間を迂回し、いったん立谷沢川のほとりまで下ったあと、二合目付近で本来の県道に戻る。次第に道幅が狭まり、ヘアピンカーブが連続する。それをなんなくクリアする女性運転士のハンドルさばきとギア選択がみごとである。見通しの悪いカーブでは添乗員が身体を乗り出し、「オーライ、オーライ」と、行く手の安全を運転士に伝えている。

七合目あたりで急に霧が立ち込め、視界が10メートル未満になってしまう。バスの車窓は白一色で、もう何も見えない。標高1400メートルの終点・月山八合目から望む絶景を楽しみにやってきたのだが、最後まで山の天気に翻弄される旅となってしまった。

7、大阪の水辺をシティバスと渡船でめぐる【全国編：その3】

エンジョイエコカード（大阪シティバス）

大阪駅前で発車を待つ大阪シティバス

水運に支えられて発展した大阪は〝水の都〟と呼ばれている。市章「みおつくし」も水路の標識である。その市章を新しいロゴマークに替え、市営バスを引き継いだ大阪シティバス。新たな市民の足を利用し、水辺に点在する大阪のいまむかしを訪ねてみよう。

繁栄をいまに伝える戦前の建物

JR大阪駅の御堂筋南口前にあるロータリー。3番乗り場にできた通勤客の列に加わり、8時58分発の62号系統・住吉車庫前行きに乗る。運転士から「エンジョイエコカード」(平日大人800円)を購入する。大阪メトロ全線と大阪シティバスの一般路線全線に一日乗り放題の磁気カードである。

バスはちょうど満席程度のお客を乗せて御堂筋を南下。大江橋と淀屋橋を渡り、土佐堀通へ左折した北浜二丁目で途中下車した。

北浜は古くから金融街として栄えたところである。大正時代から昭和初期に建てられた洋風建築がいくつも残っている。そのなかから、堺筋に面して建つ三つを見学してみる。報徳銀行大阪支店として1922年に建てられた「新井ビル」は、1階の石積みの外壁がなかなか美しい。野村財閥の地所部が1927年に建てた「高麗橋野村ビル」は、各階の間の外壁が外側にせりだした当時のドイツ風の外観が特徴的である。また1936年竣工の「三井住友銀行大阪中央支店」は、古代ギリシャ建築のような正面の柱が、いかにも銀行建築らしい重厚さを備えていた。

高欄に獅子像が鎮座する難波橋を渡る。土佐堀川のほとりを歩き、「大阪市中央公会堂」を訪ねる。この公会堂は、株の仲買人だった岩本栄之助の寄付により、1918年に完成した。東京駅舎と同じ辰野金吾の設計で、赤レンガの外壁が確かに似ている。いまも現役の公会堂だが、週に1日（おもに木曜日）、各2回（10時〜と

当初は貴賓室として使用されていた「大阪市中央公会堂」の特別室

11時〜）、予約制のガイドツアー（500円〜）が行われている。
女性ガイドに先導され、まずは地下1階の展示室へ。壁に並ぶパネル写真を参考に、公会堂の歴史について詳細に学ぶ。寄付を行ったあとに株で大損失を被りながら、寄付の返還は求めず、公会堂の完成を待たずに自害したという栄之助の生涯も紹介してくれた。続いて3階の特別室へ。大阪市の市章「みおつくし」がデザインされたステンドグラス、日本神話が描かれた壁と天井など、格調の高い部屋である。完成時からしばらくの間は、貴賓室として使用されていたそうだ。

道頓堀の巨大看板が目に入る

公会堂の隣、1904年建築のギリシャ神殿のような「大阪府立中之島図書館」を眺め、淀屋橋バス停から11時25分発の8号系統・なんば行きに乗車。一方通行の御堂筋を15分ほど南下し、道頓堀橋のバス停で降りる。

道頓堀に面した「江崎グリコ」の巨大看板を見上げたあと、「道頓堀商店街」を歩けば、「くるる」のタコ、「かに道楽」のカニ、「明治」のカールおじさんと、大阪らしい派手やかで愉快な看板たちが迎えてくれる。

「千日前商店街」のアーケードに入り、法善寺横丁を抜けて、法善寺を参拝する。江戸時代の初め、専念法師により創建された法善寺。法師が行った千日念仏回向が、千日前の地名の由来だという。ずらりと並んだ提灯と線香のにおい。賑やかな商店街とは別世界の境内でしばし憩い、苔むした水掛不動尊にひしゃくで水をかけた。

千日前通を横断した先には「なんばグランド花月」がある。笑いの殿堂・吉本興業の総本山とも言える大劇場だ。ちょうど入口に坂田利夫師匠のきぐるみがいたので、一緒に「アホッ」のポーズの写真を撮らせてもらった。

食い倒れのまち大阪では、昼食メニュー選びに迷うが、創業１１０年の洋食屋「自由軒」の「名物カレー」を選んだ。カレーとご飯を混ぜ合わせ、生玉子を乗せる独特のメニューは、炊飯器のない時代、冷めたご飯を熱々で食べるために生まれたという。どこか懐かしいミナミの味を求める人々で大変な賑わいだった。

いまも地元に根づく渡船の数々

阪神高速1号線の下にある、なんばのシティバス4番乗り場へと向かう。買い物帰りのシニア世代の地元客と一緒に、13時39分発の87号系統・千歳橋経由鶴町四丁目行きに乗る。バスは千日前通を西へ。「京セラドーム大阪」を右に見ながら大正橋を越えると、ＪＲ大正橋の駅前に停車。なんばとは違う若い乗客が乗り込んで、座席がほぼ埋まる。三軒家で右折し、住宅街となった泉尾四丁目でバスを降りた。

下車の目的は渡船《とせん》に乗ること。古くから水の都・大阪のあちこちで見られた渡船は、明治時代の末に市営となり、橋や道路の整備で廃止が進んだいまも、８か所・

泉尾と福崎を結んでいる「甚兵衛渡船」

15隻の船が利用されている。そんな渡船を2か所、訪ねてみよう。

バス通りを渡って、大正高校の校舎の前を左へ歩く。右手の高層住宅に沿って右に曲がると、正面の尻無川の堤防下に「甚兵衛渡船場」の看板が見える。江戸時代は紅葉の名所だったこの尻無川の堤で、茶店を営んでいた甚兵衛が始めた渡船だそうだ。いまはおもに通勤通学客の足として、日中は15分間隔で運航されている。

運賃は無料。堤防下の浮桟橋で、全長約10メートルの市章をつけた船が待っている。14時15分発の船は3人を乗せて出発。くるりと舳先を対岸に向け、わずか1分で到着した。こちら側には10人が待っていて、私たちと入れ替わりに乗り込んだ。誰もが乗り慣れた地元客で、自転車ごと乗る人もいて、渡船がいまも生活のなかに溶け込んでいることを実感した。

渡船場から正面の道を歩けば、福崎一丁目のバス停が目に入る。今度は14時43分発の51号系統・天保山行きに乗る。倉庫が建ち並ぶ埋め立て地をめぐり、いくつかの運河を越える。阪神高速16号線の長大な赤いトラス橋が頭上を横切る。安治川に突き当たって、大観覧車を見上げる天保山ハーバービレッジのバス停で降りた。

天保山は１８３１年、大型船を安治川に入りやすくするための浚渫《しゅんせつ》工事の土砂でつくられた築山だ。明治時代には周囲が公園として整備され、１９９０年に世界最大級の水族館「海遊館」（大人２４００円）がオープンした。館内の４階から8階までを貫く巨大水槽には、同館のシンボルでもあるジンベイザメが悠々と泳いでいた。

天保山公園と安治川対岸の桜島を結んでいるのが「天保山渡船」である。この渡船は明治時代、港湾振興策の一環として開設された。日中・夜間は毎時2回、朝夕は3～4回の運航である。17時15分発の船は5人を乗せて出発。安治川の川幅は広く、夕焼け色に染まった大阪湾の空が美しい。3分ほどで桜島側の渡船場に到着したら、サイクリングを楽しむ外国人旅行者が待っていた。

川を背にして斜め右方向に5分ほど歩くと、桜島三丁目のバス停に出る。ここで17時33分に折り返す79号系統に乗る。バスはUSJ（ユニバーサル・スタジオ・ジャパン）とJR桜島線を横目に、安治川に沿って東へ。少しずつ退勤客を拾いながら、およそ30分でJR西九条駅に到着した。

8、軍港として栄えた呉周辺を旅する【全国編：その4】

呉市エリア限定一日乗車券（広島電鉄）

呉市営バスを引き継いだ広島電鉄は、旧市営バスエリアの広電バス全線が乗り放題の一日乗車券を販売している。そして広電バスに乗れば、呉市の中心部から音戸大橋で結ばれた倉橋島まで行くことができる。市民の足を引き継いだ広電バスで、海とともに生き、造船で栄えてきた沿線を散策した。

海軍工廠として栄えた街の歴史にふれる

ＪＲ呉駅に隣接する呉駅西共同ビルの２階に、広島電鉄宝町営業センターがある。市営バスから引き継いだこの窓口で、呉市エリア限定「一日乗車券」（大人１３００円）を購入する。駅前ロータリーの９番乗り場から、９時30分発の三条二河宝町線に乗車する。バスはいったん二河川を渡り、三条地区の住宅街を経由。ＪＲ呉線の踏切を越えると、二河川の河口近くを再び渡り、大和ミュージアム・ゆめタウン前に停車する。

戦前は日本一の海軍工廠のまちとして栄えた呉。その歴史について紹介しているのが「呉市海事歴史科学館」、通称〝大和ミュージアム〟（大人５００円）である。入館して圧倒されるのが、10分の１スケールで復元されている戦艦「大和」。新幹線１両の全長を超える26・３メートルもある。隣の展示室では、その建造の模様について紹介している。「大和」を生み出した造船技術は戦後、平和利用され、日本

潜水艦「あきしお」をバックに走る広電バス

を自動車大国に成長させたそうだ。

大和ミュージアムの向かい側には「海上自衛隊呉史料館」、通称〝てつのくじら館〟（入館無料）がある。ここでは海上自衛隊の主要任務である掃海（機雷除去）について解説されている。また2004年に退役した潜水艦「あきしお」が展示されており、艦内に入って潜望鏡を覗いたりすることもできる。

〝音戸の瀬戸〟を渡船で渡り倉橋島へ

バス停に戻り、11時41分発の宝町線に乗車する。二つめの教育隊前で降り、11時54分発の呉倉橋島線・鍋桟橋行きに乗り換える。

バスは海上自衛隊呉地方総監部を回り込み、海を見下ろす高台に上がる。総監部の敷地内に見えるレンガづくりの旧呉鎮守府庁舎は、毎週日曜日に一般公開されている。ほどなく右下に巨大なドックが現れる。ジャパンマリンユナイテッドの呉事業所で、戦艦「大和」を建造した呉工廠を引き継いだドックである。

ＩＨＩ前を過ぎると、バスは同社呉工場の入り組んだプラントを車窓に見ながら走行する。高台から駆け下りて海辺に出た潜水隊前で、降車ボタンを押す。今度は現役の潜水艦を間近から見学する。停泊している潜水艦は、喫水線の上しか見えないから真っ黒で、まさに〝てつのくじら〟である。隣の桟橋には護衛艦も見える。毎週日曜日の一般公開に参加すれば、護衛艦の艦内まで撮影することができるそうだ。

潜水隊前を12時31分に出る呉倉橋島線・桂浜行きをつかまえる。このバスは音戸大橋を渡って倉橋島に入るのだが、日本一短い航路とうたわれる音戸の渡船に乗るため、頭上に音戸大橋を見上げる音戸渡船口のバス停で下車する。

昔ながらの待合小屋に、時刻表はなく、「随時出発」とある。浮桟橋に出ると、私に気づいた小さな木造船が対岸を出発する。桟橋に横づけして私を乗せ、すぐに引き返す。心地良い潮風に吹かれること3分で対岸に着き、船頭さんに運賃100円を払って倉橋島に上陸した。

倉橋島ではまず、「おんど観光文化会館うずしお」（入館無料）を訪ねる。音戸の海運史の解説文によれば、いま船で渡った〝音戸の瀬戸〟は遣唐使の時代から、大和と大陸をつなぐ重要な航路だったという。そのため、貢ぎものを積んだ外国船も数多く往来していた。これを狙う海賊を治めたのが、平清盛をはじめとする平家一門である。そもそも、陸続きだったところを清盛が開削し、〝音戸の瀬戸〟をつくったという伝説もあるという。会館の前の海に、清盛の功績をたたえて建立された「清盛塚」が残されていた。

会館の裏の旧道沿いには、鰯浜集落の古い民家が軒を連ねている。その一軒、お好み焼き屋の「しんちゃん」を覗くと、「いらっしゃい！」と元気なお母さんが迎えてくれた。カウンターに掛け、目の前の鉄板で「豚玉そば入り」を焼いてもらう。

かつて銭湯だった建物も残る倉橋島の鹿浜集落

74歳になるお母さんは、自分が子どものころの鹿浜集落について、「イワシ漁が盛んで賑やかだったのよ。銀行が2軒あって、映画館もパチンコ屋も銭湯もあったんだから」と語ってくれた。
旧道を散歩すると、お母さんの言うとおり、銀行らしい構えの建物、門に「桜湯」の行灯を掲げた家が残っていた。

終点の桂浜には実物大の遣唐使船

鹿浜集落から海辺に戻った清盛塚のバス停で、14時47分発の桂浜行きに乗車する。バスは波穏やかな瀬戸内海と島影を車窓に映しながら、島の東側の海岸線を

日本の渚百選の一つで万葉集の歌にも詠まれている桂浜

しばらく走る。

先奥の集落を過ぎると、島の背骨みたいな尾根を越え、西側の海沿いにある藤の脇の集落へ。国道を外れ、鰯浜集落と同じように狭い旧道を走る。宇和木の集落から再び内陸に入り、今度はトンネルで峠を越える。島の南の海岸線に出たところが終点の桂浜・温泉館だった。

緑の松原の向こうが桂浜で、白砂の浜辺が広がっている。夏には海水浴客で賑わうという。倉橋島はまた造船業で栄えた島でもある。飛鳥時代は遣唐使船や遣新羅使船を建造し、江戸時代にはドックがつくられ、現在も小型船を手がける造船会社が何社かある。桂浜にある「長門の造船歴史館」（大人200円）には、この島の造船の歴史が紹介されており、実物大の遣唐使船も展示されていた。

バス停名にある「桂浜温泉館」を訪ね、明るく開放的な浴室で無色透明のナトリウム泉に浸かる。海水浴シーズン以外の利用者はほとんどが島民だそうで、この日も敬老会の旅行の思い出を語り合う元気なシニアに囲まれた。

帰りのバスには、高校生くらいの若い乗客が次々に乗ってきた。呉の市街地でイベントでもあるのだろう。藤の脇行きの最終バスは、呉駅前発22時35分。ローカルバスでは、ましてや瀬戸内海の島のバスとしては、かなり遅い。島と市街地を直結する広電バスは、どうやら島の若者の夜遊びを可能にしているようだ。

コラム②　フリーエリアと入手方法に要注意！

大都市や観光地では、バスの一日乗車券やフリー切符が販売されている。これらをフリーエリアで分類すると、①一部のエリアで使用できるもの、②1事業者の全線で使用できるもの、③複数事業者に共通して使用できるもの、④鉄道線にも使用できるもの、の四つに分かれる。

①で注意したいのはフリーエリアだろう。たとえば第2章で使用した「つるおか1日乗り放題券」は、フリーエリアと金額の異なるA・B・Cの3種類があり、事前に旅のプランを決めておかないと、どれが必要なのかがわからない。

③を使用する際は、乗車するバスをしっかり確認することが必要となる。第1章で使用した京都の「バス一日券」では、京都市営バス、京都バス、西日本ジェイアールバスに乗車できるが、京阪バスや京阪京都交通には乗車できない。行き先だけでなく、バス会社も確認して乗らなければならない。

バスの車内で購入できるかどうかのチェックも大切だ。バスの車内で買う場合は、運賃の支払いと同様に高額紙幣が使用できないことも多く、売り切れになっているケースもあることを忘れてはならない。一方、駅前の案内所等で購入する場合は、必ず営業時間を確認しておきたい。たとえば、朝8時のバスに乗りたいのに、窓口の営業開始が9時の場合には、前日までに購入しておかなければならない。

第3章
シニアも快適な高速バスに乗る

「萩・明倫学舎」の前を走る「スーパーはぎ号」

シニアのなかで〝乗らず嫌い〟の方が多いのが、高速バスである。子どものころに遠足で乗った観光バスや、青春時代に使った国鉄の夜行高速バス「ドリーム号」で、窮屈な体験をしたことがトラウマなのかもしれない。しかし、今日の高速バスはきわめて快適になっている。スマホ充電用のコンセントやＷｉ－Ｆｉなどを鉄道に先駆けて装備し、夜行便では1席ずつ独立したシートが主流である。また鉄道だとアクセスしづらい街中に直行できるうえ、鉄道の運賃部分だけとほぼ同額という安さも魅力である。

1、国内トップクラスの長距離を走る夜行高速バス

はかた号（西日本鉄道）

新宿と博多を結ぶ西鉄バス「はかた号」は、超長距離の夜行高速バスである。新東名高速道路や山陽自動車道などを経由し、１０９７キロメートルを14時間17分

バスタ新宿で客扱い中の西鉄バス「はかた号」

（下り便）かけて走っている。運行開始から30周年を迎えた2020年の秋、新たに導入された新型車両に乗車した。

2タイプのシートが用意された長距離バス

ＪＲ新宿駅新南改札に直結しているバスタ新宿は、2016年に開業した新しいバスターミナルである。新宿駅西口と南口に点在する乗り場に発着していた、100を超える高速バス会社の1500を超える路線が、ここに集約された。私は改札を出てすぐ左のエスカレーターで、4階の高速バス乗り場に向かい、A2番ホームから21時発の「はかた号」に乗り込んだ。

2つのタイプのシートを装備するスーパーハイデッカー

２０２０年夏に新製された車両は、一般的に高速バスに使用されるハイデッカーより車高が20センチメートルほど高いスーパーハイデッカーである。車内には2タイプのシート計22席を装備しており、前方の4席は1席ずつパーテーションとカーテンで仕切られたプレミアムシート、後ろの18席はワンフロアながら1席ずつ独立して横3列に配置されたビジネスシートとなっている。秋の祝前日とあって今夜はほぼ満席だが、私はプレミアムシートをWEBで予約・購入してあり、通路側のカーテンを閉めれば個室のようになるので気にならない。

１０００キロメートルを超える旅路は、２人の乗務員が交代で運転する。バスが初台南ランプから首都高速に入ると、交代予定の運転士が車内の備品と運行程を丁寧に説明してくれる。さらに一人ひとりに「ご不明な点はございませんか？」と声をかけながら、車内をひとまわりした。プレミアムシートには、電動のリクライニングとオットマン、腰部がふくらむランバーサポート、ヒーター、そしてマッサージ機能までついているが、わかりやすい取扱説明書があるので迷うことはなかった。

バスは都会の高層ビルの谷間を快走する。ビジネスシートの窓はカーテンが閉められているが、プレミアムシートならブラインドを開けて車窓に流れる風景を楽しむことができる。

21時半に東京インターから東名高速に入り、バスのスピードが上がる。とはいえ、加減速や車線変更の揺れをまったく感じない。看板路線だけに、西鉄のなかでも精鋭が乗務しているのだろう。次第に街明かりが減っていき、周囲が闇に包まれた神奈川・静岡県境の山間部へ。少しウトウトするうち、御殿場ジャンクションから新東名高速に入ったようで、23時10分に静岡サービスエリアに着いて休憩となった。

運行経路や車両やサービスを変えながら営業を続ける

コンビニで飲みものを買って戻ると、23時30分に発車した。そのあとすぐに消灯となる。私もブラインドを閉め、オットマンを上げ、背もたれを目いっぱい倒して、就寝の準備を始める。ランバーサポートを調整すると、シートが身体にフィットして寝心地が良い。15分で自動停止するというマッサージが停止する前に、眠りに落ちてしまった。

「はかた号」の開業初日に試乗したのは、もう30年も前のことである。当時は西鉄と京王の共同運行による日本最長距離の高速バスだった。長時間の乗車を考慮し、車両の最後部にはサロンスペースが設置されていた。そこでたばこが吸えたのだから、隔世の感がある。

その後、1999年に京王が共同運行から撤退する。運行ルートも、中国道経由

佐波川サービスエリアで洗顔休憩をとる「はかた号」

から山陽道経由になったり、途中の北九州に停車したりと変化していった。また車両は何度かの更新を経て、先代から現在のように2タイプのシートを備えたものとなった。ＬＣＣなどとの競合により、多くの長距離夜行バスが廃止されていくなかで、「はかた号」は30年にわたって営業を続けている。ただし、２０００年代に入ってツアーバスから高速バスとなった、東京〜福岡間のオリオンバスが１１００キロメートルを超えることから、現在は国内２位の運行距離となっている。

トイレなし4列シート車で運行されるオリオンバスが2000円台からの安値なのに対して、「はかた号」はプレミアムシートが1万7300円から2万1500円、ビジネスシートは1万2200円から1万6400円（WEB早割7700円〜）という運賃設定をみると、価格競争ではなく、快適なサービスの提供で勝負していることがわかる。今夜の満席の乗客を見る限り、その戦略は成功しているようである。

関門橋を渡って九州に上陸

翌朝目覚めたのは7時過ぎだった。ブラインドを開けると、反対車線の道路標識に「大竹IC」とあった。8時前に「おはようございます」と案内放送が流れる。まもなく洗顔休憩をとることが告げられ、8時06分から15分ほど佐波川サービスエリアに停車した。コンビニと吉野家があるので、朝食を調達することもできる。おにぎりを買って戻ると、サービスの紙パックの緑茶を手渡された。そういえば、開業当初はクラッカーとサラダの缶詰も提供されていたことを思い出した。

おにぎり片手に車窓の山々を眺めるうち、山口ジャンクションで山陽道から中国道に合流する。美祢《みね》インターを過ぎると、宇部興産専用道路が並走する。ここを行き交う40トン積みのダブルストレーラーを見たくて、下りの「はかた号」に乗るときはいつも、進行方向に向かって右側の座席を選ぶのだが、祝日は運休なのか今日は姿を現さない。

下関インターから大きく左に曲がると、関門橋へとさしかかる。関門海峡を越え、九州という〝島〟へ渡る……。この感覚は、鉄路や空路では味わうことができない「はかた号」のバスならではの魅力である。

門司インターで北九州都市高速に入り、富野ランプで降りて小倉市街へ。９時半過ぎに小倉駅前に停車し、５人ほど降ろすと、この先の砂津と黒崎インターは降車客がいないので通過するとの放送がある。

足立ランプから都市高速に乗れば、車窓遠くの海辺に工場群の赤白の煙突が目に入る。八幡インターから福岡インターまでは九州道を快走する。福岡都市高速の天神北ランプを降り、天神の繁華街を走行したのち、西鉄天神高速バスターミナルの

3階で、10人ほど降りた。そして、西鉄バスが行き交う福岡市街を走り、終点の博多バスターミナルの2階には、みごと定刻の11時17分に到着した。

2、県境のトンネル開通で誕生した山岳高速バス

新宿〜高山線（濃飛乗合自動車ほか）

長時間にわたって座り続ける昼行の長距離バスは苦手、というシニアの方もいるだろう。しかし昼行では夜行と異なり、移り変わる車窓を楽しむこともできるし、途中休憩でご当地グルメも味わえる。そんなバス旅が味わえる、新宿から飛驒高山までの道のりを紹介しよう。

バスタ新宿を出て中央自動車道を西へ

バスタ新宿のC7番ホームに、9時15分発の濃飛バス高山行きが入線する。ピカ

釈迦堂パーキングエリアで休憩中の濃飛乗合自動車の高速バス

ピカの新車のハイデッカーに乗り込むと、車内は4列シート38人乗りで、進行方向に向かって左側の最後部にトイレが装備されている。無料Wi-Fiサービスも提供しており、各座席にスマホ充電用のコンセントがついている。

新宿～高山線は、京王電鉄バスと濃飛乗合自動車の共同運行路線である。昼行6往復の通年運行便に加え、昼行・夜行の各1往復の季節運行便がある。

新宿～高山間の大人運賃は、6500円から7000円（夜行便はプラス500円）。WEB上で予約し、クレジットカードで決済すると8パーセントの割引になる。従来、WEB予約では座席指定はできず、前方・後方と窓側・通路側だけしか選ぶことができなかったが、現在は座席指定が可能となっている。私が選んだのは、進行方向に向かって左側最前部の1A席で、三点式のシートベルトが設置されていた。

登山の格好をしたシニアを何人か乗せて発車する。この路線には、プラス2000円を支払えば1人で並びの2席を占有できるサービスがあるが、オフシーズンには必要なさそうだ。

甲州街道を西へ向かい、初台ランプから首都高速に、高井戸から中央自動車道に入る。三鷹、深大寺、府中、日野、八王子と高速道路上のバス停に停まるが、乗客はいなかった。八王子インターを過ぎると山あいとなり、小仏トンネルをくぐって神奈川県へ。相模湖のほとりをしばらく走り、登坂車線がある上り勾配に挑んだあと、山梨県に入る。左手に富士山が見える区間だが、今日は雲に隠れていて見ることはできなかった。

サービスエリアには数々の名産品がある

笹子トンネルを抜け、甲府盆地へ下った釈迦堂パーキングエリアで、10時44分から10分ほどの休憩をとる。ここでは、ご当地グルメの信玄餅をソフトクリームにした「信玄ソフト」を購入することができる。ソフトクリームの縁に信玄餅を並べ、黒蜜ときな粉をトッピングしたもので、見た目ほど甘くないので左党のシニアにもお勧めできる。

その後、甲府市街の南側をぐるりと迂回し、八ヶ岳を前方から右手に望んで坂を上り、長野県に入る。ほどなくすると「中央道最高標高点　１０１５ｍ」の案内板がある。長い下り坂が続いたあと、諏訪湖の湖面が見えてくる。ほとりの諏訪湖サービスエリアに入り、11時57分から20分ほどの休憩となった。

信越本線横川駅の駅弁「峠の釜めし」で有名な「おぎのや」が、ＳＡ内に出店している。ちょうど昼どきだったので、「信州サーモン彩ちらし」を購入する。信州サーモンは長野県の水産試験場が10年もかけて開発した新しい養殖品種である。

「おぎのや」では諏訪湖SA店限定で、ご当地グルメ・信州サーモンの弁当を販売していた。

安房トンネルをくぐって飛驒路へ

バスは松本盆地を走り、12時34分に松本インターを出て国道158号に入る。左に並走していたアルピコ交通上高地線の終点・新島々駅前を通過する。「この先、山岳区間になります」という放送があり、トイレへの行き来と網棚の荷物落下に注意するよう告げられた。

勾配がきつくなり、カーブが連続する。梓川の刻む谷が深くなり、稲核《いねこき》ダムと水殿《みどの》ダムが右手に見える。奈川渡《ながわど》ダムの天端を通過したあとは大小のトンネルが続く。上高地につながる釜トンネルを右に見て、安房《あぼう》峠道路へと入る。

長野・岐阜県境の安房峠道路は、1997年に開通した。かつてヘアピンカーブの連続だった安房峠の真下を、全長4370メートルのトンネルで貫いたのであった。これにより、安房峠越えが所要30分から5分に短縮され、新宿〜高山間を5時

足湯が設けられている平湯温泉バスターミナル

間30分で結ぶこの高速バスが開業できた。新幹線「のぞみ」＋特急「ひだ」の所要時間にせまりながら、半額以下の運賃を設定して人気となっているのである。

安房峠道路を出てすぐの13時50分、平湯温泉バスターミナルに10分遅れで到着した。3回目の休憩となり、バス乗り場の一角にある足湯が気になるが、10分間ではやや厳しい。飛騨の郷土食の「朴葉みそ」や飛騨に伝わる人形「さるぼぼ」など、売店に並ぶみやげものを眺めて過ごす。晴れていれば北アルプスの峰々が望めるのだが、あいにく雨が降りだした。

緩い下り坂が続く国道158号を坦々と走り、14時39分に着いた丹生川で軽装の男性客1人が下車する。次第にロードサイド店が目につくようになる。宮川を渡って高山の市街地に入り、12分遅れの14時57分、JR高山駅に隣接する高山濃飛バスセンターに到着した。濃飛バスの制服を着た大きな「さるぼぼ」が待合室で迎えてくれた。

3、東京湾アクアライン経由で館山へ

房総なのはな号（日東交通ほか）

昼行高速バスのなかには、鉄道に勝る俊足を誇る路線がある。東京湾アクアライン経由で東京と館山を結ぶ「房総なのはな号」もその一つだ。鉄道とはまったく違うアプローチの車窓を楽しみ、地魚を味わう日帰り旅に出かけてみよう。

八重洲南口から発車する日東交通の「房総なのはな号」

ちょっとした東京見物も楽しめる

東京駅八重洲南口にJRの高速バスターミナルがある。改札を抜けて歩道に出た右手の液晶表示で乗り場を確認し、後ろ寄りにある7番ホームで待つ。

9時20分発の「房総なのはな7号」は、日東交通の4列シート・後部トイレつきハイデッカーだ。席番指定まで可能なWEB予約で確保した、左側最前部、見晴らしの良い1A席に乗り込んだ。

二十数人のお客を乗せて定刻どおりに東京駅を出発し、ビルの谷間の京橋ランプから首都高速に入る。京橋付近の首都高速は築地川を埋め立てて建設されたもので、かつての川底からいくつもの橋を見上げる車窓は、船に乗っているようでおもしろい。汐留付近で急勾配を上り、海岸通りの真上の高架区間に入る。左下には緑に覆われた浜離宮、右手のビルの向こうには東京タワーを垣間見る。芝浦付近で左に分岐すると、真っ白な主塔のレインボーブリッジを渡る。

橋の対岸はお台場で、フジテレビの球体展望室を見上げて走行する。東京港トンネルをくぐれば大井ふ頭で、左に新幹線の車両基地が広がる。空港北トンネルを抜けると羽田空港があり、首都高速の上を移動していくJALの垂直尾翼が見える。

東京から房総半島へ向かう電車とはまったく違う経路をたどる「房総なのはな号」は、ちょっとした東京見物も楽しめるお勧めのバスである。

東京湾アクアラインを使って房総半島へ

多摩川トンネルをくぐると川崎市、そして浮島ジャンクションから東京湾アクアラインに入る。全長約9・5キロメートルのアクアトンネルでは、白色照明が並ぶ

海に囲まれた車窓が楽しめる東京湾アクアライン

3車線道路が一直線に続く。やがて前方に出口の光が射す。出口を抜ければ、海の上へと躍り出る。全長約4・4キロメートルの2車線道路・アクアブリッジである。左も右もすべて海で、大きなタンカーや貨物船、小さな漁船が何隻も浮かんでいる。

東京湾アクアラインが開通したのは、1997年のことだった。3年後には、ジェイアールバス関東が東京駅〜館山駅間の高速バス「房総なのはな号」を開業した。JR内房線の特急「さざなみ」とほぼ同じ所要1時間50分で、2000円ほど安い高速バスは、とくに南房総の人々に好評を博した。当初は一日4往復だったが、日東交通も運行に加わって増便を重ねた。乗客を奪われた「さざなみ」は定期列車を東京〜君津間に短縮し、平日のみの運行へと縮小を余儀なくされた。

現在の「房総なのはな号」は、一日27往復にまで増えている。東京駅〜館山駅間の大人運賃は2450円から2650円である。なお、ジェイアールバス関東が運行に加わっているので、「大人の休日倶楽部」の会員は、窓口販売に限って10パーセントの割引になる。

海苔の養殖いかだが見えると木更津市に上陸する。木更津ジャンクションで館山自動車道へと進路をとる。雑木林が点在する水田地帯から、起伏に富んだ海岸線の近くへと館山道は続いている。富津《ふっつ》竹岡インターから対面通行の富津館山道路となり、短いトンネルが連続する。

ハイウェイオアシス富楽里《ふらり》で、シニア夫婦が下車。富浦インターから国道127号に入ったとみうら枇杷倶楽部で、若い女性1人が降りた。どちらも高速バス利用者のための駐車場があり、パーク&ライドで都内に出かけた地元の人のようだ。鉄

漁師料理「さんが焼き」も味わえる「お楽しみ定食」

道に代わって東京～南房総間の動脈となった「房総なのはな号」は、若年層だけではない幅広い世代の人々に愛用されているのだ。

南房総の道の駅で下車して地魚を味わう

11時04分にJR館山駅に到着した。観光のグループなど、ほとんどの乗客が降りていく。けれどこのバスは、ここで終点ではない。「房総なのはな号」の一部は、館山駅から休暇村や千倉・白浜まで足を延ばしており、この「房総なのはな7号」は安房白浜行きなのだ。

運転士が交代し、乗客数人が残ったバスは、定刻の11時08分に館山駅を発車した。内房線沿いに東へ向かい、九重駅前のバス停を通過する。千倉駅前と南房総市役所の支所に近い南房総千倉で下車客がいた。海に突き当たって右折し、千倉港のバス停を通過する。私は「道の駅ちくら・潮風王国」が左に見えた潮風王国のバス停で、11時46分に降車した。東京駅〜潮風王国間の通常期運賃は２７５０円である。

「道の駅ちくら・潮風王国」は第三セクターのちば南房総が運営しており、地元に揚がる海産物を扱うレストランと直売店がある。「旬膳はな房」の「お楽しみ定食」は、分厚く切られた鯵や鯛の刺身に加え、鯵のたたきを大葉で挟んで焼いた漁師料理「さんが焼き」が味わえる人気メニューだ。また東安房漁協直営の「海市場ちくら」では、地魚や水産加工品を購入することができる。格安な鯵の干物をみやげに購入し、安房白浜で折り返してきた13時19分発の「房総なのはな34号」で帰途に就いた。

4、大阪と徳島を結ぶ大動脈

阿波エクスプレス大阪号(本四海峡バスほか)

大阪～徳島間の高速バスは、西日本屈指の俊足路線で、鉄道だと大回りになる2都市を約2時間半で結ぶ。従来は、宿泊しなければ困難だった大阪～徳島間のビジネスやレジャーが日帰りできるようになった。大阪・神戸のベイエリアを走り、二つの海峡を越える変化に富んだ車窓を楽しみながら、1月中旬の午後に乗車した。

大阪の中心街を経由して徳島に向けて出発

JR大阪駅中央口の改札を出て、左手の「ルクア大阪」を抜けたところにJR高速バスターミナルがある。正面の液晶表示を確認すると、徳島駅行き「阿波エクスプレス大阪21号」は、6番ホームから出発することがわかる。

「阿波エクスプレス大阪号」は、西日本ジェイアールバス・ジェイアール四国バ

徳島駅前で客扱いをする本四海峡バス

ス・本四海峡バスの共同運行で、大阪駅・ＪＲなんば駅と徳島駅の間に一日23往復も設定されている。一方、阪急バス・阪神バス・南海バス・徳島バスの4社も、なんば高速バスターミナル・梅田阪急三番街から徳島駅間に22・5往復から24・5往復を共同運行しており、所要時間・運賃とも同じで、両路線はライバル関係にある。

両者を合わせると、日中でも30分間隔という高頻度のダイヤである。いずれも一部の便が大阪を代表するテーマパークのＵＳＪに乗り入れている。大阪駅〜徳島駅間の大人運賃は、３０４０円から３

800円である。

「阿波エクスプレス大阪21号」には、本四海峡バスの4列シート・後部トイレつきハイデッカーが運用されていた。私はWEB予約で押さえた左側最前部の1A席に座った。本四海峡バスは、明石海峡大橋の開通の影響を受けた船会社が出資して設立したバス会社である。JRバスグループと提携して、関西エリアと淡路島・徳島を結ぶ高速バスを運行している。

バスは10人の客を乗せ、14時ちょうどに発車した。すぐに梅田ランプから阪神高速に入る。堂島川沿いに高架が続く環状線の外回りを行く。右手に「大阪府立中之島図書館」と「大阪市中央公会堂」を見下ろす。北浜で右に曲がって堂島川と土佐堀川を渡り、オフィスビルに囲まれながら大阪市南部の繁華街・ミナミへと向かう。日本橋で再び右に曲がったあと湊町ランプを降り、JR難波駅の真上、OCAT（大阪シティエアターミナル）の2階にあるバスターミナルに停車する。5番ホームに停まると、ここから8人が乗り込んだ。

六甲山地から変化に富んだ車窓を進む

湊町ランプから阪神高速に入り、環状線外回りを阿波座まで進む。大阪港線に入ると住宅街が続き、湾岸線に入って安治川に架かる天保山大橋を渡る。左下に大観覧車と「海遊館」、対岸の右手にＵＳＪのアトラクションが見える。

新淀川の広い河口を横断すると兵庫県となる。大きな倉庫が建つ流通団地や瀟《しょう》洒《しゃ》な家が並ぶ住宅地など、さまざまな表情の埋め立て地を見下ろし、尼崎市、西宮市、芦屋市と進んでいく。

神戸市に入ると、六甲アイランドに渡る湾岸線を外れ、灘大橋を越えて港湾幹線道路へと進んでいく。摩耶埠頭を横断して摩耶大橋を渡ったあと、いったん一般道に降り、すぐに京橋ランプから阪神高速神戸線に入る。右手にモザイクのような神戸市街、その背後に緑の六甲山地を見ながら快走する。第二神明道路に入って山側に進路をとり、高倉山トンネルを抜けると、垂水の街並みの向こうに明石海峡大橋が姿を現す。

舞子トンネルを抜けて明石海峡大橋へ

共同運行の西日本ジェイアールバスとすれ違い大鳴門橋へ

神戸淡路鳴門自動車道に入ると、全長約3300メートルの舞子トンネルへ。抜ければ一気に視界が開け、地上から65メートルに架かる明石海峡大橋からの大パノラマが待っている。

明石海峡大橋の供用開始は、1998年のことだった。これにより神戸と淡路島が直結されただけではなく、先に開通していた大鳴門橋と併せ、関西と四国の短絡ルートが誕生した。瀬戸大橋のように鉄道は併設されなかったため、本四連絡の重責を担うことになったのは高速バスだった。

なかでも所要2時間半となった大阪〜徳島線は、それまでのフェリー利用や大きな迂回となる鉄道利用に代わり、本四を結ぶ大動脈となったのである。

淡路島を縦走して大鳴門橋を渡り徳島へ

全長3911メートル、世界最長の吊り橋を3分足らずで渡り、淡路島に上陸したあと、大阪湾を見下ろす淡路山地の東側を走る。海岸線には商業施設や住宅が並んでいるが、内陸の高速道路付近にはのどかな田園風景が広がり、昔ながらの棚田もある。北淡インター手前で播磨灘が見え、今度は西側の中腹を走行する。松山・高知方面への高速バスが休憩する室津パーキングエリアがあるが、距離の短い徳島系統に途中休憩はない。淡路山地から淡路平野に下りれば、見渡す限りの畑に囲まれた築堤道路となる。名産品の玉ねぎを栽培しているのだろうか。

西淡三原インターを過ぎると、今度は諭鶴羽《ゆづるは》山地の中腹に上がり、やがて右前方に大鳴門橋が見えてくる。鳴門海峡をまたぐ大鳴門橋は１９８５年に供用が開始された。こちらは鉄道も走行できる2階建て構造になっているが、明石海峡大橋が自動車専用となったことで、その夢は叶わぬものとなった。

眼下にうずしおを探すものの、見つけられないまま大毛島へ。小鳴門橋を渡れば四国本土で、鳴門インターを出て国道11号を走る。

鳴門市から松茂町に入った松茂バス停で３人が下車。物産館とバスの駅「徳島とくとくターミナル」に隣接しており、パーク＆ライドの利用者かもしれない。吉野川の河口近くに架かる吉野川大橋を渡ると、徳島市の市街地へ。定刻より少し早い16時38分に徳島駅前に到着した。

5、日本海と瀬戸内海を結ぶ江戸時代の街道を行く

スーパーはぎ号（防長交通ほか）

日本海に面する長門の萩と瀬戸内海側の周防の三田尻を結ぶ萩往還は、江戸時代に整備された全長53キロメートルの街道である。鉄道では遠回りになるこのルートには、早くから路線バスが通っていた。やがて山口県内の高速道路の整備が進み、2017年には高速バス「スーパーはぎ号」が開業する。地元の人たちだけでなく、山陽新幹線に接続して多くの観光客を運んでいる。

新山口駅を出発して中国自動車道を進む

山陽新幹線、山陽本線、山口線、宇部線の4路線が乗り入れる新山口駅は、山陽を代表する鉄道の要である。私は橋上改札を出て、長い跨線橋《こせんきょう》で何本ものレールを越え、2018年に竣工した北口ロータリーに向かった。

防長交通「スーパーはぎ号」のスーパーハイデッカー

「スーパーはぎ号」は予約不要なので、待合室の自動券売機で乗車券（大人１６００円）を購入する。12時30分発の便は防長交通の担当で、貸切バスから転用されたスーパーハイデッカーが待っていた。所要わずか１時間10分だから、トイレは装備していない。自由席なので、左側最前部の１Ａ席に座る。十数人の乗客は、関西方面からの観光客が中心だった。

バスは定刻どおりに出発し、駅前通りから国道９号に左折する。しかしすぐに右折し、長谷インターから山口宇部道路に入る。国道９号の西側の山腹をトンネルと高架で直進していく。

5分足らずの小郡ジャンクションで、中国自動車道の下り車線に入る。なだらかな山あいに、右へ左へと緩やかなカーブが続く。山口市から宇部市を経て美祢市に入る。美祢東ジャンクションからは小郡萩道路へと進む。

大田川に沿った対面通行の築堤道路から、水田のなかに点在する赤褐色の石州《せきしゅう》瓦《がわら》の集落を見下ろす。山陽新幹線500系車両と同じデザインをまとうハローキティラッピングバスとすれ違う。「スーパーはぎ号」を共同運行している中国ジェイアールバスの車両で、東萩駅を12時15分に出た新山口駅行きである。共同運行とはいえ、指定席ではないので、さまざまなスタイルと定員の車両が交じって運用されているのである。

萩往還のルートを継承する高速バス

1931年、全国で2番目の省営バス（のちの国鉄バス）である三山線が萩往還に沿うように開業した。山陽新幹線が博多まで延長された1975年には、小郡駅（現在の新山口駅）から東萩駅までの間の特急バス「はぎ号」が、国鉄バスと防長交通の相互乗り入れで運行開始される。

国鉄バスは山口経由、防長交通は大田経由と途中経路が異なったが、国鉄の周遊券では、どちらにも乗車が可能だった。シニアの乗り鉄ファンのなかには、この時代に国鉄周遊券で乗ったという人もいると思う。

やがて、山口県内の高速道路や高規格道路の整備が進んだことで、一般道経由だった特急「はぎ号」は、２０１７年に高速バス「スーパーはぎ号」に生まれ変わった。現在は一日8往復（コロナ禍で4往復に減便中）が運行されている。

バスは、小郡萩道路の終点となる絵堂インターで一般道に降り、国道４９０号から県道32号線へと入る。雲雀峠を越えれば萩市となり、明木《あきらぎ》角力場《すもうば》で国道２６２号に左折する。左手に見える美しい石州瓦の家々は、明木の集落である。隣の佐々並と並ぶ萩往還の宿場であり、いずれも古い町並みや石畳の旧街道が残っている。「はぎ号」が高速道路経由の「スーパーはぎ号」となったいまも、山口駅〜佐々並〜明木〜東萩駅間には中国ジェイアールバス、新山口駅〜大田〜明木〜東萩駅間には防長交通がローカル便を運行している。いずれも明木では、集落のなかの旧道を

新山口駅からおよそ１時間で萩市内へ

走る。途中下車して萩往還の面影を訪ねる旅も、お勧めしたいコースの一つである。

明木集落を出たローカル便は、阿武川に沿って蛇行する国道２６２号を走るが、「スーパーはぎ号」は国道を外れ、鹿背トンネルを抜けて近道をする。山陰本線萩駅を左に見ながら線路をまたぎ、橋本川の流れを越えれば、もう萩の市街地である。

長州藩の面影が残る萩市街を行く

車内には、萩の歴史と見どころを紹介する放送が流れる。北浦街道へ左折し、まもなく「萩・明倫学舎」敷地内のバス停に停車する。女性観光客が１人下車した。

「萩・明倫学舎」は、萩市立明倫小学校の木造校舎を利用した観光拠点である。全国屈指の規模を誇ったという長州藩の藩校・明倫館の跡地に、１９３５年に建てられた明倫小学校の木造校舎では、２０１４年まで授業が行われていた。

国の登録有形文化財に指定された校舎自体も必見だが、明倫館の歴史、明倫館で学んだ偉人たちなど、校舎内の展示も充実している。さらに、明倫小学校で行われている吉田松陰の名言の朗唱教育がＶＴＲで紹介されている。

ＮＨＫ大河ドラマ『花燃ゆ』が放送された２０１５年には、期間限定で明倫小学校の体育館に「大河ドラマ館」が開館した。このとき、新山口駅と萩・明倫センターのバス停を結び、高速道路経由で運行された臨時バスが、高速バス「スーパーはぎ号」の前身である。

バスは、北浦街道を引き返して萩往還へと左折。待合室と乗り場全体が大きな屋根で覆われた、昭和レトロな萩バスセンターに停まる。タクシーで松下村塾を見に

松陰神社の境内にある松下村塾

行くという観光客が降りた。復元された長州藩の高札場を横目に見て右折し、松本川を渡って、定刻の13時40分に終点の東萩駅に着く。「高速道路は早いなぁ」「そうやな、あっというまや」と、シニアの女性客がつぶやいた。一般道時代の「はぎ号」で、観光に来たことがあるのかもしれない。

萩市内の散策には、「まぁーるバス」が便利である。防長交通が受託運行する萩市コミュニティバスで、「松陰先生」と「晋作くん」の2系統がある。東萩駅を通る「松陰先生」は毎時26分・56分発となる。かわいいミニバスに乗れば、松下村塾までおよそ10分である。

コラム③　高速バスではどこに座る？

一般的に、大型バスでは車体の中央が一番揺れないと言われている。昼行便で景色を楽しみたいなら最前部が特等席となるだろう。

車内の中央に座る場合、絶景スポットが左右どちらにあるか、陽射しが左右どちらから入るかも考慮したい。乗車時間が長く、リクライニングさせてくつろぎたいときには、左最後部のトイレ前の10ＡＢか右最後部の11ＣＤ（数字は前後の配置により変わる）に座れば、後ろの乗客への配慮が不要になる。

夜行バスで標準的な独立3列シートでは通常、右中央部か左最後部にトイレがあり、前者はＡＢ席間、後者はＢＣ席間の通路が狭い。したがって一人旅で窓側にこだわるなら、前者ではＣ列、後者ではＡ列に座ったほうが、トイレに行くときや途中休憩で乗降するときに動きやすい。

後ろの乗客を気にせずフルリクライニングさせて眠れるのは、前者では3Ｃと10

列、後者では9ＡＢと10Ｃ、ダブルデッカーの2階席では階段前の6Ａ、通路前の7Ｂ、最後部の11列となる。ただし、ダブルデッカーの2階は階段側のＡＢ席間の通路が狭いことを知っておきたい。

なお、ＷＥＢから席番が指定できない路線でも、電話予約や窓口販売では指定できるものが多いので、こだわりがある場合には活用しよう。ここにあげたようなお勧め席はすぐに売れてしまうので、できれば販売開始日の朝に押さえたい。

第4章 ワンランク上の大人のバス旅を楽しむ

南禅寺で待機中の京阪バスの「舞妓バス」

鉄道の世界では、豪華なクルーズ列車がシニアの人気を集めている。また近年、バスの世界でも、プレミアムなバスツアーにシニアの予約が殺到している。しかしこうしたツアーより、もっと手軽でプレミアムなバスの旅がある。

ゆったりとしたシートや個室を備えた高速バス、選りすぐりの観光コースと〝食〟を体験できる定期観光バス、さらには車内でコース料理を味わえるレストランバスを利用して、ワンランク上の大人のバス旅を楽しみたい。

1、見晴らし最高のゆったりビジネスシート

新東名スーパーライナー（ジェイアール東海バス）

東京駅と名古屋駅の間をノンストップで結ぶ「新東名スーパーライナー」。このうち1往復に、一般席より座席が広い「ビジネスシート」がついている。ダブルデッカーの2階最前部なので、見晴らしも最高である。その乗り心地を楽しもう。

足柄サービスエリアで休憩中の「新東名スーパーライナー」

ハイアングルから見下ろす最前席の車窓

東京駅八重洲南口の高速バス乗車券売り場に、小さな売店がある。今日はいつものお茶ではなく、ここで缶ビールを購入する。9番乗り場にジェイアール東海バスのダブルデッカーが入線する。2階前方の6席だけが、シートの間隔が広いビジネスシートである。隣り合うA席とB席の間にはパーテーション、通路を挟んだC席にはカーテンが用意されており、プライバシーを確保できる。4列シートの高速バスでは、マナー上、アルコールは控えたほうがいいだろう。しかし、ビ

足元が広々としているビジネスシート

ジネスシートの旅では気兼ねなく、お酒を楽しむことができる。

「新東名スーパーライナー7号」名古屋駅行きは、10時30分に東京駅を発車した。馬場先門から皇居のお堀に沿って霞が関に向かう。最前部左側1A席は、並走する東急バスの屋根を見下ろすハイアングルだ。首都高速霞が関ランプを通過するときなど、ゲートが間近に迫ってきて、スリリングな感じを味わうことができる。

六本木、渋谷、三軒茶屋と、ビル街の高架区間を快走する。東名高速道路に入って多摩川を越えると、川崎・横浜市域の起伏ある住宅地を貫いていく。圏央道と交差する海老名ジャンクションあたりから、前方に丹沢山系の山並みが広がるが、晴れているのに霞《かすみ》がかかり、残念ながら富士山は見えない。

リクライニングを倒し、靴を脱ぎ、フットレストに足をのせてくつろぐ。大井松田インターを過ぎると、JR御殿場線と並行する山岳区間に入る。右に左にカーブしながら標高を上げ、12時03分に足柄サービスエリアに到着した。

ここで15分の休憩となる。レストハウスの「崎陽軒」で、期間限定販売の「メガ炒飯弁当」を入手し、東京駅で買っておいた缶ビールとともに味わう。サービスエリアでは通常、お酒は売っていないので、駅で手軽にお酒が買える鉄道の旅と異なり、高速バスの旅では乗車前に用意しておかなければならない。

直行ニーズに応えて生まれたスーパーライナー

御殿場インターから下り坂となり、御殿場ジャンクションで新東名高速道路へ入る。２０１２年に開通した第二の東名高速道路である。

東名高速が全通したのは１９６９年のことで、東京駅～名古屋駅間には国鉄東名ハイウェイバスが開業した。当初は、高速上の停留所にこまめに停車する形で営業していたが、民営化後の1990年代、全国で都市間高速バスの開業が相次ぐと、東京駅〜名古屋駅間でも直行のニーズが高まった。

そこで1999年には、停車停留所を絞った超特急「スーパーライナー」を設定する。そして新東名高速が開通すると、ノンストップの「新東名スーパーライナー」の運行を開始した。現在の「新東名スーパーライナー」は一日に11往復の便があり、ジェイアール東海バスとジェイアールバス関東のハイデッカーとダブルデッカーで運行されている。

東京駅〜名古屋駅間の大人運賃は、2400円から5340円である。また、下り7号・9号と上り12号・16号の2階席は独立3列シート、7号と12号の最前部6席は運賃3750円から5960円のビジネスシートで、そのほかの便は4列シートとなっている。夜行バス「ドリーム号」にも使用される独立3列シートでも快適ではあるが、昼行利用なら車窓が楽しめるビジネスシートをお勧めしたい。

由比の海岸や浜名湖の湖畔を走る東名高速と異なり、ずっと山の中腹を行く新東名高速の車窓は単調である。いつのまにか居眠りをしていたら、2回目の休憩を伝える放送が流れ、13時43分に遠州森町パーキングエリアに停車した。

伊勢湾岸自動車道に入れば終点のJR名古屋駅は近い

東名高速経由の「スーパーライナー」が休憩をとる浜名湖サービスエリアに比べ、遠州森町パーキングエリアはとても小さい。下り車線にはコンビニがあり、食料を買うのに不便はないが、上り車線では菓子パン程度しか手に入らない。昼食や夕食の時間帯にかかる便に乗る場合、あらかじめ名古屋駅で弁当などを買っておいたほうがよいだろう。

13時58分に出発し、「鹿に注意！」の標識を横目に再び山の中腹を走行する。濃尾平野に下りた豊田ジャンクションで、東名高速をオーバークロスする。ここからは、防音壁に囲まれた伊勢湾岸自動車道に入る。畑や住宅や工場、そして岩ケ池公園の観覧車も見える。行き交うクルマの量が増え、名古屋都市圏に入ったことを感じさせる。

名古屋駅太閤通口に到着した「新東名スーパーライナー」

東海ジャンクションで名古屋高速に入り、工場や倉庫が並ぶ埋め立て地を北上していく。やがて左手に名古屋港を見下ろす。港明ランプを過ぎれば住宅地で、ビルやマンションが増えてくる。名鉄線とJR東海道本線・新幹線をまたぎ、黄金ランプを降りた。

開業以来、東名ハイウェイバスは東名高速の名古屋インターを利用している。市営地下鉄東山線沿いの住宅街で、星ヶ丘、本山、千種駅前、栄と停まる。けれど「新東名スーパーライナー」は、新たなルートをとっており、ベイエリアをショートカットすることで、所要時間の短縮を図っている。

黄金ランプを出てJR関西本線・近鉄線をくぐれば、あっというまにJR名古屋駅の太閤通口に着く。定刻より5分早い15時34分の到着だった。

2、1台わずか11席！　完全個室で上質な眠りを提供する

ドリームスリーパー東京大阪号（関東バスほか）

夜行高速バスの最高峰に位置するのが、「ドリームスリーパー東京大阪号」である。乗客定員はわずか11席と少なく、扉つきの完全個室、全自動リクライニングシートに加えて、さまざまなアメニティグッズを備え、心地良い眠りと上質なリラクゼーションを提供してくれる。

東京発着5路線にある個室タイプのバス

JR池袋駅西口のバスターミナルは、「東京芸術劇場」前の広場に面したところ

池袋駅西口で発車を待つ関東バス「ドリームスリーパー東京大阪号」

にある。街路樹のイルミネーションを真っ白なボディに映しながら、関東バスのスーパーハイデッカーが7番乗り場に入線する。「ドリームスリーパー東京大阪号」は、JR池袋駅西口・JR新宿駅西口と、南海なんば高速バスターミナル・JR大阪駅前・両備バス門真車庫を結ぶ路線である。関東バスと両備ホールディングスが共同運行している。

運賃は7000円から9000円+座席料金1万1000円である。新幹線の指定席を上回ると言えば高く感じるが、かつて東京〜大阪間を結んでいた急行「銀河」の運賃+急行料金+寝台料金（B

寝台利用1万6070円～A寝台下段利用2万0270円）とほぼ同じ価格帯だ。開放型寝台の「銀河」と違い、個室なのだから、妥当な金額と言えよう。

ちなみに、まったく同じ車両を使って大崎・水道橋～福山・広島を結ぶ「ドリームスリーパー」を中国バスが運行している。また、入口を扉ではなくカーテンで仕切った個室12席の車両によって、東京・新宿～徳島・阿南を結ぶ「マイ・フローラ号」を海部観光が運行している。

さらに、車内の一部に特別料金の個室タイプシートを設けた夜行バスとして、ジェイアールバス関東と西日本ジェイアールバスが東京・新宿～京都・大阪間に共同運行する「ドリームルリエ」と、西日本鉄道が新宿～北九州・福岡間に運行する「はかた号」がある。

土足禁止の最高級バスに乗る

私は2人乗務の運転士に、左側最後部A6席のWEB乗車券を提示した。「エンジンの音が気になるかもしれませんし、窓にこのバスのロゴが入っていて景色が見づらいかもしれません。今日は空いていますので、前のほうに移られませんか？」と気を遣ってくれたが、大丈夫と謝意だけ伝えた。

毛足の長いカーペットが敷かれた車内は土足禁止である。扉のステップで靴を脱ぎ、用意されたスリッパに履き替える。乗客定員はわずか11人。進行方向に向かって左側に六つ、右側に五つの個室が配置されている。右側中央部の階下に洗浄機能つきのトイレ、最後部中央にはパウダールームが装備されている。

22時50分に静々と発車する。「ご挨拶を兼ねて、おしぼりとミネラルウォーターをお持ちいたします」という案内放送が入る。個室の扉をノックする運転士。膝をついてそれらを手渡し、装備品の取り扱いや注意事項を伝えたあと、「わからないことはなんなりとおっしゃってください」とつけ加えた。

個室にはあらかじめ歯磨きセット、アイマスク、マスク、耳栓といったアメニティグッズも用意されていた。

至れり尽くせりの〝安眠サポート〟に身をゆだねる

バスは山手通りを南下していく。夜行バスでは通常、カーテンを閉めて配車されるので、夜の街並みを眺められるのは新鮮だ。JR新宿駅ではバスタ新宿ではなく、西口ロータリーの14番乗り場に停車する。何人かが乗り込んだようだが、個室内はその気配すら感じさせないほど静かだ。23時20分に発車すると、再びひとときおりの案内放送があり、「以後のご案内は明日、南海なんば高速バスターミナル到着前とさせていただきます」と結んだ。

普通の夜行バスならここで消灯だが、個室なので、静かな過ごし方なら各自の自由である。コンセント、USB充電コンセント、Wi-Fi完備なので、大きなテーブルにパソコンを広げてもいいし、スマホにイヤフォンをつないでゲームをしてもいい。食事をとることもできるし、ずっと車窓を眺めていることだってできる。

とはいえ、私はカーテンを閉めて就寝の準備にとりかかった。電動式リクライニングシートの背もたれ、座面、レッグレストを調整して、自分好みの体勢を探し出す。「ゼログラビティシート」と名づけられたこのシートは、上半身と下半身を水平に保つことが可能である。昭和西川のムアツクッションが全身を優しく支えてく

各個室には電動式リクライニングシートを備えている

カーペットが敷かれた廊下に11の個室が並ぶ

れる。

さらに、個室内にはイオン発生機プラズマクラスターが設置されている。天然精油を使ったウェルカムアロマも用意されている。備えつけのヘッドフォンを使えば、4種類の癒しサウンドを聴くことも可能だ。部屋の明かりは無段階に調整することができる。

至れり尽くせりの〝安眠サポート〟に身をゆだね、あっというまに眠りに落ちた。

「まもなく大阪駅桜橋口です」の放送で目覚めたのは6時半過ぎだった。

南海なんば高速バスターミナル到着にまったく気づかなかったが、下車客がおらず通過したのかもしれない。カーテンを開けると、ビル街の一般道を走行している。そして定刻より10分早い6時50分、JR大阪駅桜橋口高架下のバス停に停車した。

終点の両備バス門真車庫まであと40分、朝の車窓を楽しんで、京阪電車で大阪市内に戻ろうか。そんな迷いが生じるほど、居心地の良すぎる空間だった。

3、東京駅から手軽に楽しめる隅田川と江戸前の舟遊び

江戸の風流 屋形船(はとバス)

シニア世代なら、「屋形船が嫌い」などという人はいないだろう。船は団体客が貸切で利用するイメージが強いが、実は個人でも乗ることができる。屋形船の船宿は下町の運河のほとりに点在する。電車の駅から行くには不便なので、東京駅発のはとバスコースを使ってみよう。

東京駅丸の内南口から発車するはとバス

黄昏の下町風景を車窓に見ながら老舗船宿へ

晩夏の土曜日の夕刻、東京駅丸の内南口のはとバス乗り場は、夜の東京に繰り出す人々であふれかえる。なかでもひときわ人気が高く、3台のバスが連なっているのが、B210コース「江戸の風流 屋形船」である。

WEB乗車券に指定された2号車なかほどの6AB席に、友人と2人並んで着席した。乗客が揃うと、運転士の宮脇亮さんが客席に向かって挨拶する。早くも宴会気分の乗客の万雷の拍手を浴び、「こんな盛大な拍手は初めてです」と笑いながら、マイクをガイドの松川晴香さんに手渡した。

17時30分に出発し、イルミネーションが輝きを放ち始めた黄昏の銀座を進む。ガイドの松川さんはまず、このコースのスケジュールを紹介していく。続いて、利用する船宿「冨士見」は深川にあり、創業150年の老舗であることを解説する。

1・2号車の乗客約70人は、定員120人の大型船「北斎」に乗るという。食事のメニューは、オードブル、刺身、天ぷら、お新香、季節のフルーツなどなど。飲みものは飲み放題で、ビール、日本酒、ワイン、ウイスキー、焼酎、そしてソフトドリンクがあるそうだ。

バスが永代通りに入ると、松川さんのガイドは下町の見どころとなり、隅田川に架かる永代橋は1926年竣工のアーチ橋で、国の重要文化財に指定されていることと、富岡八幡宮の祭礼は〝水掛け祭り〟と呼ばれ、日枝神社の山王祭、神田明神の神田祭とともに江戸三大祭りの一つに数えられることを紹介してくれた。

やがてバスは琴平通りに右折し、都営の高層住宅に囲まれた運河のほとりに停車した。乗客はバスを降り、船宿「冨士見」へと案内された。

屋形船「北斎」で揚げたての天ぷらなどを味わう

レインボーブリッジ近くに停泊して夜景を堪能する

丸い提灯がずらりと並ぶ屋形船「北斎」に、船尾から乗り込む。畳敷きの船内には、6人掛けのテーブルが2列に並んでいる。テーブルの下が掘りごたつのように、足を伸ばせるつくりになっている。

18時ちょうどに出航。細い運河から隅田川に出るが、船が大きく安定しているのか、まったく揺れを感じない。まもなく腹掛け姿の女性船員たちが、揚げたての天ぷらを次々にテーブルに運んでくれる。乗客が食事とお酒を楽しんでいる間に、船は隅田川の上流へと進んで行く。

先ほどバスで渡った永代橋、そして永代橋同様に重要文化財の清洲橋をくぐる。乗客と一緒に船に乗り込んだ1号車のガイドさんが、水辺の風景を解説する。小名《おな》木《ぎ》川との分岐点、松尾芭蕉の居住地跡にある「芭蕉庵史跡展望庭園」のライトアップされた芭蕉像は、毎日10時と17時に、下流から上流へ、上流から下流へ向きを変えるという。

芭蕉が船で『おくのほそ道』の旅に出た隅田川上流を見やれば、夕闇の中に「東京スカイツリー」がそびえたっている。「19時になるとライティングが真っ白に変わります」と教えられて注視しているうち、船はゆっくりと旋回して下流を目指した。

近代的な斜張橋・中央大橋、佃の渡しの跡に架けられた佃大橋、重要文化財の跳開橋・勝鬨橋、そして東京オリンピックに向けて建設された築地大橋を見上げる。勝鬨橋と築地大橋の間の右岸は、築地市場のあったところだが、荷卸し桟橋をはじめとする建造物はもう解体済みである。ポカリと開いた真っ暗な空間がなんとも寂しかった。

レインボーブリッジ近くに集まった屋形船

やがて前方に美しいフォルムのレインボーブリッジが見えてくる。橋をくぐったお台場沖で、船はエンジンを止めて停泊する。

ガイドさんが、「屋根の上から夜景を楽しんでください」と促す。乗客はグラスを置いて、思い思いにタラップを上がる。川風、いや海風がとても爽やかだ。夏の大都会にあっても、水上というのはこんなに涼しいものなのか。周囲には大小さまざまな屋形船が浮かんでいる。船の形や提灯の色は、個性豊かでおもしろい。ネオン街を思わせるピンクの提灯を並べた船もあった。

深川めしを食べ屋形船をあとにする

食事のメニューの締めに、熱々のご飯とアサリの味噌汁が提供された。「アサリ汁をご飯にかけると深川めしになります」とガイドさんが説明する。深川めしはもともと、江戸前の漁師たちがまかないで食べていたものである。いまは、アサリの炊き込みご飯も深川めしと呼ばれるが、ぶっかけ飯のほうが本来の姿である。また江戸時代には、アサリでなく大量に獲れたアオヤギを使ったそうだ。隅田川の河口に点在した漁師町を想像しながらかき込んでいると、デザートのメロン、オレンジ、ぶどうが運ばれてきた。

はとバスの定期観光コース「江戸の風流 屋形船」は、金曜日と土日祝日を中心に運行されている（2019年8月現在）。平日は、新宿駅東口17時50分発→東京駅丸の内南口18時40分発→21時40分着、土日祝日は東京駅丸の内南口17時30分発→20時30分着の時刻となる。料金は大人1人1万1980円。所要3時間の定期観光バスとしてはかなり贅沢だけれど、絶景の窓際席が保証された飲み放題の宴会と考えれば決して高くはないだろう。

船は20時過ぎに運河の船宿に戻り、私たちは再びはとバスに乗車した。ガイドの松川さんの挨拶が終わるころ、終点のライトアップされた東京駅丸の内口の駅舎が見えてきた。

4、京都迎賓館とこだわりの和食で京都の一日を過ごす

舞妓バス（京阪バス）

京阪バスの定期観光コースで活躍する「舞妓バス」。ほかの車両より背が高いスーパーハイデッカーで、ゆったりとした座席の特別車だ。使用されるコースも、人数限定のプレミアムなものとなる。選りすぐりの見どころと〝食〟を堪能でき、とくにシニアに大人気となっている。

高額ながら定員がすぐに埋まる人気のコース

京都駅烏丸口の定期観光バス案内所に、ＷＥＢ予約の受付票を提示し、ＰＩコー

京都駅前で乗客を迎える京阪バスの「舞妓バス」

ス「京都迎賓館とこだわりの和食」のチケットを受け取る。京都迎賓館の参観、老舗料亭での食事、老舗菓匠での喫茶を組み合わせたこのコースは、毎年5月から9月の週末を中心に運行されている。大人1人1万3900円という京都定観のなかでもトップクラスの料金ながら、一日34人の定員がすぐいっぱいになってしまう人気コースである。

乗り場で待っていたのは、ボディに可愛い芸妓さんが描かれたスーパーハイデッカーである。一般的なカラーのハイデッカーより20センチメートルほど背の高い特別車で、芸妓・舞妓・太夫の3台を総称して

「舞妓バス」と呼んでいる。プレミアムなコースだけに使用される車両である。

指定された4A席に座ると、「失礼します」と隣のB席に私と同年代の女性が座った。新潟市在住で、何度も京都の一人旅を楽しんでいるという。「夜のコースで舞妓さんのバスにも乗ったことがあります」という「舞妓バス」リピーターだった。

9時50分に発車して烏丸通を北上する。ガイドの中藤絵美さんは、さっそく車窓に見える東本願寺を紹介する。柔らかな京言葉に心が和むが、実は京阪バスのガイドさんには地方出身者も多いと聞いたことがある。旅人へのもてなしとして、学んで身につけた京言葉なのかもしれない。心地良い車窓案内に耳を傾けるうち、丸太町通を経て河原町通に入り、京都府立医大の向かい側に停車した。

世界の賓客をもてなす京都迎賓館

ガイドの中藤さんに先導されて広小路を歩く。清和院御門をくぐれば、京都御苑の苑内になる。ほどなくして、京都迎賓館の築地塀が見える。西門を入った広場に整列するよう指示され、職員が厳正に人数を確認する。世界の賓客を招く施設だけに、徹底した警備が行われているのだろう。見学中に携帯できる手荷物は、25×25×10センチメートル以内のもの1個に限ると言われ、バッグをコインロッカーに預けた。

京都迎賓館は、1994年に平安建都1200年を記念して建設が決定され、2005年に開館した比較的新しい施設である。鉄筋コンクリートづくりながら、木を巧みに活用している。また建物はもちろん、庭園や調度品にも数々の伝統的な技能が生かされている。そうした歴史と特徴を解説するVTRを観賞したのち、職員とともに左回りに館内を見学した。

入母屋づくりの玄関には、樹齢700年の欅を使った一枚板の扉。右手の「聚楽の間」はロビーに位置づけられ、京指物の技能を用いた安楽《あんらく》椅子が並ぶ。隣の「夕映の間」は、会議などに使用されるそうだ。その東の壁には「比叡月映」、西の壁には「愛宕夕照」と、京都の東西を描いた織物が飾られている。

建物の奥には「藤の間」と「桐の間」が続く。壁の織物に藤が描かれた「藤の間」は、洋食の晩餐会に使われ、舞台では能や雅楽など日本の伝統文化が披露され

京料理で賓客をもてなす「桐の間」

る。釘隠しや襖の唐紙に日本政府の紋章「五七の桐」が見える「桐の間」では、京料理が提供され、芸妓や舞妓の舞なども行われるそうだ。

中庭の池に架かる廊橋を渡れば、和舟が設えられた「船の間」がある。舟は賓客の舟遊びに使われることもあるという。東京の迎賓館では、池の鯉の腹を空かせておくため、賓客を招く直前には餌を与えないと聞いた。いかにも高値がつきそうな美しい鯉たちだが、餌をパクパク食べて賓客を喜ばせる重責を担っているらしい。

売店を覗くと、京都迎賓館オリジナル

の記念品がいろいろと並んでいる。迎賓館の椅子と同じ西陣織を使ったポーチや財布、バッグなどもあった。中庭と廊橋が描かれた一筆箋に惹かれたが、これを使って手紙を認《したた》める風流な友人などいないことに気づいた。

南禅寺門前の老舗料亭で京懐石を堪能する

御苑の駐車場で待っていたバスに全員が戻り、12時20分に発車する。丸太町通を東へ向かい、鴨川を渡って東山に入る。南禅寺の狭い駐車場で、大きなバスを切り返す運転士のハンドルさばきがみごとだ。狭隘路が多い京都で乗務を重ね、腕を磨いたのであろう。

南禅寺参道から小径を入ったところに、料亭旅館の「菊水」がある。天地いっぱいの窓に庭園を望むレストランで、京懐石を味わうことができる。汲み上げ湯葉の先付に続く前菜には、穴子の笹巻き寿司、鶏ももの味噌焼き、カマンベールチーズを挟んだ大徳寺麩など、豪華な品々が並んだ。私は別料金（900円）で、灘の銘酒「黒松白鹿」を注文し、鯛のお造り、湯豆腐、賀茂茄子と鰆の揚げ出し、炊き立

南禅寺方丈の枯山水の庭園

てのご飯と上品な粟麩《あわふ》の味噌汁などを味わった。

食後はガイドの中藤さんから手渡された南禅寺方丈の拝観券を片手に、各自で見学する自由時間である。

豊臣秀吉が建造・寄進した御所の殿舎を移築した大方丈、伏見城の小書院を移築した小方丈は、ともに国宝に指定されている。傑作と名高い狩野元信・永徳・探幽による襖絵を観賞する。そして回廊に座り、小堀遠州の作と伝わる枯山水の方丈庭園を眺める。樹木と石組みを1か所に集めた形から〝虎の児渡し〟と呼ばれる庭園が広がっていた。

老舗菓匠で紫陽花をかたどった生菓子を味わう

14時50分に南禅寺の駐車場を出発する。平安神宮の大鳥居をくぐって琵琶湖疏水のほとりを走り、鴨川沿いの川端通から今出川通に入る。

「お味はいかがでしたか？」と切り出したガイドの中藤さんは、京懐石について「額に汗して働かない公家が塩分を控えるために薄味になりました」と、ユーモアたっぷりに解説してくれた。続いて賀茂氏と上賀茂・下鴨神社の解説が終わるころ、堀川通に右折したところで停車した。

コース最後の下車観光は、１８０３年創業という老舗菓匠の「鶴屋吉信」だ。本店2階の茶寮に案内され、紫陽花をかたどった6月の生菓子と抹茶を味わった。茶寮の一角には、菓子づくりを目の前で見学できるカウンター席があり、丸めたこしあんに、緑や青や紫の細かいあんをつけていく様子を見つめている客の姿があった。

ちなみにこのＰＩコースは、京都迎賓館の参観をメインとして、その他の内容は少しずつ変更されている。２０２１年は最後の菓匠が「亀屋良長」に変わる予定で

1803年創業の老舗菓匠「鶴屋吉信」

ある。もう一度乗っても、新鮮な観光が楽しめそうだ。

好みの京菓子を求めた乗客を乗せ、バスは16時ちょうどに動き出す。帰路は烏丸通をまっすぐ南下する。ガイドの中藤さんは、和菓子、漬物、白味噌などの京みやげを紹介する。そして、どれも重いものだけれど、「京都の旅では疲れれば疲れるほどご利益があると言われます」と締めくくり、16時20分に京都駅烏丸口に到着した。隣にひと足早く帰着した「太夫」のバスの姿があった。

5、オープントップバスの車窓を楽しみながらのランチタイム

東京レストランバス（WILLER）

「そこにしかない日本を食べよう」というのが、ＷＩＬＬＥＲ（ウィラー）のレストランバスのコンセプトである。オープントップバスの開放的な車窓を楽しみながら、ランチやディナーを味わう大人の空間だ。季節の地の物に合わせて日本各地で運行されるほか、東京と京都では通年運行が行われている。ここでは、シニア世代に嬉しいアンチエイジングメニューも提供されていた（取材時）。

ヨーロピアンメニューのランチコースを選択

東京駅丸の内南口を出て駅前の通りを横断する。ロクシタン丸ビル店の前で、スタッフが待っている。ＷＥＢ予約したチケットを提示し、真っ赤なダブルデッカーに乗車する。バスの１階がキッチン、２階が客席になっている。客席には屋根がな

ダブルデッカーが使用されるWILLERのレストランバス

く、開放感がたまらない。最前部の2人用テーブルを挟み、誘った友人と向かい合った。

「東京レストランバス」は、洋食と和食、それぞれのランチとディナーの組み合わせで、四つのコースを設定している。ランチが2時間半、ディナーが3時間の行程である。今日はヨーロピアンメニューのランチコースを選んだ。アンチエイジング効果のあるイタリアン野菜を使った健康・美容コースだそうで、シニア世代には嬉しいメニューと言えそうだ。

ランチコースの大人1人の料金は、

最前部の2人席と、なかほどの3人席が9800円、最前部と前寄りの4人席が8800円、屋根がある最後部の4人席が7800円となる。ディナーコースも同じように、1万2800円から1万0800円となっている。

バスは12時ちょうどに出発する。心地良い風が客席を流れていく。梅雨入り前の強い陽射しが注いでいるのに、側窓の上のダクトから冷風が出ているせいか、不思議なくらいに暑さを感じない。バスは日比谷通りから内堀通りへと進む。自動音声ガイドを聴きながら、皇居の内堀、日比谷公園、国会議事堂などを車上から見学した。

東京タワーでは周囲をぐるりと一周する。真下まで近づくと、普通のバスならタワーの根元しか見えないところ、オープントップなので、てっぺんまで見上げることができる。ちなみに、雨が降っても透明な屋根を閉めるので、屋根越しにこの景色は楽しめるのだそうだ。

サービススタッフが各テーブルに料理を運んでくれる

料理を楽しむための工夫と運転士の技術が光る

出発後すぐに、食事もスタートする。サービススタッフの女性が最初に運んでくれたのは、タコのマリネ、キノコのフリッタータなど4種のオードブルである。別料金で、酒類を含めたドリンクを注文することもできる。

テーブルの真ん中には、10センチメートルくらいの高さに渡した透明な板に、大小の穴と細い切れ込みがあり、ジョッキやワイングラスをここに置けば、バスが揺れても倒れないという仕組みになっている。テーブルも滑りにくい素材なの

メインディッシュの鴨のローストマデラソース

で、皿が動くことはない。

メニューは、ルッコラとパプリカのイタリアンサラダ、カリフラワーのポタージュ、ペンネアラビアータと続く。こうしたコース料理を、移動を兼ねた屋外で食べたことがある人は少ないだろう。味もさることながら、太陽の光の下での豊かな彩りに、とても食欲をそそられる。

メインディッシュは鴨のローストマデラソースである。ローストしてほどよく脂を落とした厚切りの鴨肉に、芳醇なマデラソースがピッタリで、イタリアンというよりフレンチのような味わいだ。

それにしても、このバスの乗り心地は

素晴らしい。発進、加速、カーブ、ブレーキのすべてが滑らかで、走っていることを忘れてしまうほどである。レストランバスに乗務する運転士には、特別な研修を実施しているという。料理がこぼれないようにするために、わずかな衝撃や遠心力で倒れてしまう角材を床に置いて訓練を積んでいるのだそうだ。

もし、乗りもの酔いを理由に、レストランバスへの乗車をためらっているシニアの方がいるなら、それは杞憂に過ぎないだろう。

オープントップバスならではのルートでレインボーブリッジを渡る

バスは芝公園ランプから首都高速に乗り、環状線から1号羽田線、そして11号台場線へと進んで行く。左前方にレインボーブリッジが近づくと、大きくカーブして橋上に進路をとる。青空を突き刺す高さ126メートルの真っ白な主塔が迫ってくる。レインボーブリッジは2階建て構造で、1階部分に都道と新交通ゆりかもめが走る。都道を通ってもお台場に渡れるが、わざわざ首都高速に入って2階部分を走ることに、このコースのこだわりが感じられる。

頭上に主塔を見上げながらレインボーブリッジを渡る

お台場では、ゆりかもめを挟んでフジテレビと向かい合う「アクアシティお台場」に寄る。ファッション、ヘルス&ビューティー、バラエティ雑貨、書籍、食品などを扱う多様な店舗が揃った複合施設である。ここでおよそ30分の散策時間がとられた。ダブルデッカーの小さなトイレが苦手という方は、ショッピングとともにトイレも済ませておきたい。

お台場からの帰路はレインボーブリッジを渡らず、豊洲、晴海、勝どきを経由していく。車内では、キウイソースのパンナコッタとフルーツの盛り合わせのデザートが出され、ノンカフェインコーヒーとハーブティーのどちらかを選んで締めくくる。すべての料理を合わせても、978キロカロリーというヘルシーメニューだった。

ちなみに、ヨーロピアンメニューのディナーコースは、メインにカジキマグロのカツレツトマトバジルソースが加わり、オードブルの一部も変わるそうだ。和モダンメニューのほうは、東京ゆかりの素材を使った懐石料理で、先付からデザートまでランチ9品、ディナー10品となっている。

メニューは何度かリニューアルされるので、季節を変え、コースを変えて乗車すれば、また違った味に出合えることだろう。

バスは勝鬨橋を渡り、築地から銀座へ向かう。歩道を行き交う人たちが増え、信号待ちで停まると注目の的になる。さらに、築地本願寺、歌舞伎座、和光の時計台を右手に見て、晴海通りを数寄屋橋へと進んだ。昭和レトロなＪＲ線のガードをくぐると、いかついリベットに手が届きそうだった。

バスは14時30分に東京駅の丸ビル前に到着した。スタッフ総出の見送りを受け、素敵なランチタイムを終えた。

コラム④　知っておきたいバス旅のルール

バスは鉄道と異なり、道路状況により大きく遅れることがある。時刻表などで接続が保証されている場合を除き、15分以上の乗り継ぎ時間を確保したほうが無難だろう。長距離高速バスからの乗り継ぎには、さらに余裕が必要である。1時間以上とって、定刻に着いたときに食事・喫茶や見学できる場所を探しておきたい。

一般路線バスは車内が狭いので、大きな荷物を持ち込むと、ほかの乗客に迷惑がかかる。宿泊先宛の宅配便やコインロッカーなどを活用し、バスに持ち込む荷物を最小限にしたい。

また路線バスでは、貸切タイプの車両が走る一部の観光路線を除き、車内での飲食はマナー違反と言ってよいだろう。路線バスの多くは地元の人たちのものとの認識を持とう。一見の観光客が、地元の利用者に不快な思いをさせてはならない。

高速バスでも、とくに4列シートで周囲の席が埋まっている場合、臭いの強い食べものや酒類は控えたい。近年はコンセントやUSB充電コンセントを装備する車両も増えたが、これはスマホやタブレットの充電用である。ヘアアイロンやドライヤーのように大きな電力を要する製品の使用は厳禁だ。そして高速バス・定期観光バスで遵守しなければいけないのが、シートベルトの着用。座ったら即ベルトの習慣を身につけたい。

第5章
長距離路線バスに乗って気ままな旅を

天草の﨑津集落を行く産交バス

青春18きっぷなどを使った鉄道の旅は、いわゆる〝乗り鉄〟が一つの愉しみになっている。バスも目的地への移動手段にとどめずに、乗ること自体を愉しんでみてはいかがだろうか。

網目のように張りめぐらされた路線バスは、街の景色も身近に楽しむことができる。また表定速度は自転車とほとんど同じなので、シニアがのんびりと少し長めの旅をするには最適だろう。長距離路線の途中下車や複数路線の乗り継ぎで楽しむ〝乗りバス〟の旅を提案する。

1、最長路線の都営バスで武蔵野を散策する

梅70系統（東京都交通局）

西武新宿線花小金井駅からJR青梅線青梅駅近くの青梅車庫まで、全長28・21キロメートルを約1時間40分かけて走る都営バスがある。梅70系統だ。数ある都営バ

花小金井駅北口から出ている都営バス梅70系統

スのなかでも最長距離を誇るこの系統の沿線には、いまも武蔵野の風情が残されている。

武蔵野の暮らしをいまに伝える数々の建物

西武新宿線花小金井駅の北口2番乗り場から、頻繁に行き交う西武バスに交じって、1時間に1本、都営バスが発車している。秋が深まった日曜日の朝、私は10時42分発の都バス・梅70系統に乗車した。

運転士から「都営まるごときっぷ」（大人700円）を購入する。都区内の都営バスだけを利用できる「都営バス一日乗車券」（大人500円）とは異なり、多摩地区

旧小平小川郵便局の入母屋づくりの局舎

の都営バスや都営地下鉄、都電、日暮里・舎人《とねり》ライナーにも乗車できる一日乗車券である。

8人を乗せて発車したバスは、すぐに青梅街道へ左折する。ここから青梅市内まで、梅70系統はひたすら青梅街道を走る。昭和病院前で見舞客らしき若い男女を降ろし、西武新宿線の踏切を通過する。次の天神町二丁目で最初の途中下車をした。

後方の交差点を対角線の向こうに渡り、右手の遊歩道を入ったところに「小平ふるさと村」がある。市内に残っていた江戸時代から明治時代の建物数棟が移築・

公開されている。

入口にあるのは「旧小平小川郵便局舎」。1908年に建築され、1983年まで使用されていた入母屋づくりの局舎である。分厚い一枚板のカウンター、事務室を照らす丸い白熱灯、そして奥には畳敷きの電話交換室……。あらゆる通信の拠点だった戦前の様子が丁寧に再現され、映画の1シーンに迷い込んだかのようだ。

右手の大きな茅葺き屋根は「旧神山《こうやま》家住宅主屋」。新田開発村の農家として、19世紀の初めに建てられたものだ。こちらは戦後まもない姿に復元されており、土間の台所や厩舎から、その暮らしが想像できる。

座敷のモニターで、当時の様子を紹介している。乾けば灰になる関東ローム層の土、冬場に吹きつける秩父おろしといった厳しい環境の武蔵野で、茶垣や屋敷林などの工夫を凝らして農業を営んでいたことを知った。

狭山丘陵の自然を思いながらプラネタリウム

天神町二丁目のバス停に戻り、11時48分発の青梅車庫行きに乗る。青梅街道は真っ直ぐ西へ延びている。西武多摩湖線と西武国分寺線の踏切を渡り、その間の地下を走るJR武蔵野線を越えていく。沿道には店舗やアパートに交じり、広い庭を持つ格式のある大きな民家もある。先ほどの神山家のように、古くからここに住んできた人たちなのだろう。

西武拝島線東大和市駅のロータリーに停車する。ここで進路を北に変え、しばらく商業地域を走る。新青梅街道を渡り、都営バスの大和操車所前を通過して、奈良橋で再び西に向かう。八幡神社前で降車ボタンを押して、後方の交差点を北に渡り、住宅地を少し歩けば、「東大和市立郷土博物館」が目に入る。

館内では、まもなく始まる企画展「写真でみる東大和」のプレ展示が行われていた。パネル写真で1960年代を中心に振り返ることをテーマにしており、その当時の市内の様子がよくわかる。先ほど通った都営バス大和操車所の写真もある。バスの方向幕に「阿佐ヶ谷駅前」と出ており、当時の梅70系統がさらに長い路線だったことがわかった。

常設展のほうでは、東大和市の歴史や狭山丘陵の地形と自然について紹介している。そう言えば、スタジオジブリのアニメ映画『となりのトトロ』の舞台は狭山丘陵だった。宅地化が進んだ現在では想像もできないが、トトロが棲んでいそうな深い森と共存する里山の暮らしが、半世紀前まで残っていたのである。

博物館には小さなプラネタリウム（大人300円）があり、土日は11時、13時、15時から、異なるプログラムを上映している。私は何組かの親子連れと一緒に、13時から『秋の星空と惑星のハナシ』を観賞した。半世紀前の狭山丘陵に思いを馳せながら、およそ45分間の神秘的な天体ショーを楽しんだ。

天然温泉と伝統食のかてうどん

14時18分発のバスに乗り、旧道然とした青梅街道をさらに西へ進む。沿道には戸建ての住宅が密集しているが、右奥に緑の狭山丘陵が続いている。西武バスに加えて、立川バスともすれ違うようになり、武蔵村山市役所前を通過する。次の横田で降りて後方の交差点を渡り、狭山丘陵の裾を北へ10分ほど歩く。

訪ねたのは、村山温泉「かたくりの湯」（大人土日900円、平日800円）だ。

2019年春にリニューアルオープンした日帰り温泉施設である。洋風と和風の二つの浴室があり、日替わりで男湯と女湯が入れ替わる。この日は洋風ゾーンが男湯となっていた。無色透明なメタほう酸泉は、さらりとした湯である。露天風呂に浸かると、ぬるめの泉温と吹く風の涼しさが心地良かった。

湯上りは館内のそば処「大の一」で、「天ぷらかてうどんセット」を味わう。そば処なのにうどんを選んだのは、「かてうどん」が武蔵村山で江戸時代から食されてきた伝統食だからだ。地粉を使った茶褐色のざるうどんに、〝かて〟と呼ばれる季節の茹で野菜を添え、熱々のつけ汁をくぐらせて食べるのが村山流である。近年はざるうどんに天ぷらを載せたり、つけ汁に豚肉を入れたり、ちょっと贅沢になっている。コシの強いうどんと濃い醤油味のつけ汁との相性が抜群だ。

〝かて〟の小松菜と豚肉は、一緒に食べると貧血予防やスタミナ増強の効果があるそうで、シニアにぜひ食してほしい東京の郷土料理である。

資料館の映像と廃線跡で偲ぶ幻の軽便鉄道

遊歩道となった羽村山口軽便鉄道の廃線跡

温泉の隣に「武蔵村山市立歴史民俗資料館」がある。ここでも狭山丘陵が紹介されていて、里山と人々の暮らし、伝統文化や伝統芸能についても展示されている。

映像資料では、獅子舞やお囃子など自然の恵みに感謝する祭りを紹介。さらに、狭山丘陵に山口貯水池を建設するために開業した、羽村山口軽便鉄道の貴重な写真も登場した。

バス停に戻る途中、その軽便鉄道の廃線跡を発見した。道路を横断して、左手に小さなトンネルの入口、右手には街路樹のある遊歩道が延びている。

貯水池を建設していたわずかな期間しか存在しなかった幻の鉄道の軌跡をたどりながら、横田バス停に戻った。

横田バス停は、長い梅70系統のほぼ中間に位置する。まだ先は長いけれど、秋の日は短い。続きの散策はまたの機会に譲り、一気に駆け抜けることにして、16時38分発の青梅車庫行きに乗った。

沿道には古民家が増え、白壁の土蔵も見える。箱根ヶ崎三丁目の先で、JR八高線の踏切を通過する。松原で片側2車線の新青梅街道と合流する。クルマの流れが速く、バスもぐんとスピードを上げる。ロードサイド店が増えたものの、その後ろに畑がちらほら見えて、西多摩ののどかな風情が辛うじて残っている。青梅消防署前を過ぎたところで右折し、青梅の市街地に入った。

東青梅駅北口を過ぎたところで、JR青梅線の踏切を横断すれば、蔵づくりの商家が点在するレトロな町並みとなる。まもなく右折して青梅駅前に停車した。青梅線の前身、青梅鉄道の本社として、1924年に建てられた駅舎がモダンである。終点の青梅車庫には17時27分に到着。小さな車庫は夕闇に飲まれようとしていた。

2、日本最長のローカルバスで大和から紀伊へ

八木新宮特急バス（奈良交通）

奈良交通の八木新宮線は、奈良県橿原《かしはら》市と和歌山県新宮市を結ぶ。全長は１６６・８キロメートル、停留所数は１６７もあり、乗り通せば６時間半はかかる。これは、高速道路を使わないバスとしては日本最長である。このとても長い路線バスの旅を、途中下車しながら満喫しよう。

奈良盆地の南端を越えて十津川村へ

近鉄大和八木駅南口の「かしはらナビプラザ」１階に、奈良交通八木案内所がある。窓口で「１６８バスハイク乗車券」を購入する。１６８とは八木新宮線が走る国道１６８号のことである。大和八木駅～新宮駅の片道運賃に相当する５３５０円で、途中の五條バスセンター・五条駅～速玉大社前間が２日間乗り降り自由（逆戻

五條バスセンターで休憩をとる八木新宮特急バス

りは不可）になるお得な乗車券である。

2番乗り場に入線したノンステップバスに乗車する。ボディに沿線市町村のキャラクターをあしらった八木新宮線専用車で、長旅に備え、車内には座り心地の良い2人掛けシートが並んでいる。

9時15分に発車したバスは、橿原市街を南下する。国道165号を西へ向かい、大和高田市に入ると、国道166号と24号をたどる。十数人いた乗客が次々に下車していく。所要6時間半の長距離バスなのに、30分以内の短距離利用者が大半だ。

右手に葛城山脈が近づけば葛城市に入

る。国道に勾配が増え、奈良盆地の南端に近づいたことがわかる。五條市の中心にある五條バスセンターには、10時21分に到着した。ここで10分間のトイレ休憩となる。

「どちらからですか？」と、大和八木駅から乗っていたシニア夫婦が話しかけてきた。ご夫婦は伊勢市に住んでおり、近鉄特急〜八木新宮線〜ＪＲ特急「南紀」の日帰り旅行を楽しんでいるという。「昭和から平成にかけてＪＲ全線を完乗したので、いまはバスを乗り歩いている」のだそうだ。

ＪＲ五条駅に寄ったあと、いよいよ乗車券名になっている国道１６８号に入る。丹生川の刻む谷がどんどん深くなり、新天辻トンネルで分水嶺を越えていく。右手に寄り添う天ノ川が、十津川と名前を変えれば十津川村である。２０１１年の台風被害の爪痕がいまだに随所に残っており、裸になった斜面が痛々しかった。

12時05分に上野地に到着すると、20分間の２回目の休憩時間となった。

休憩時間に体験できる日本屈指の大吊り橋

バス停近くの「谷瀬の吊り橋」を見に行く。谷瀬集落の人々が資金を出し合い、1954年に架けたこの橋は、長さが297メートル、高さが54メートルもあり、生活用の吊り橋としては日本一の大きさと言われている。

私は踏板の上をへっぴり腰で一歩、また一歩と進んだ。橋の上にはマイカーで来た観光客が何人もいて、中央に近づけば近づくほど大きく揺れた。結局、3分の1くらいのところで、恐怖のあまりUターンして、バスに舞い戻ってしまった。

上野地を出たバスの車窓には、エメラルドグリーンの湖面が広がる。風屋ダムに堰き止められてできた風屋貯水池である。湖畔に咲いている紫陽花が鮮やかだ。滝川口のバス停で、大和八木駅行きとすれ違う。一日3往復しかない八木新宮線の上り最終便で、新宮駅を9時59分に出たバスである。長い道のりも、すでに半分を過ぎたようだ。

池穴南口で中年男性が1人乗車する。小井では幼な子とお母さんが乗ってくる。

バスの休憩時間に見学できる谷瀬の吊り橋

日本最長のバスとして、観光客も注目するようになった八木新宮線だが、奈良盆地でも十津川村でも、地元の人が普段使いしていて、生活に欠かせない足だということがわかる。

沿線の雰囲気にも触れようと、13時06分着の十津川村役場で降車ボタンを押して、仲良くなったシニア夫婦に別れを告げた。

十津川村で2時間半の途中下車を満喫する

十津川沿いの旧道には、十津川の温泉で最も古い湯泉地《とうせんじ》温泉の旅館や民宿が点在している。その中心にある公衆浴場「泉湯」を訪ねる。ところが入口に「臨時休業」の立て札があった。今日は元湯を止めて、配管の工事をしているのだという。元湯が止まっているのでは、どこの旅館でも民宿でも、温泉には浸かれないかもしれない。

諦めきれず、公衆浴場の向かい側の「旅館むさし」を覗く。一日3本のバスで来たのでほかの温泉地に変更できない窮状を伝えると、「それは気の毒やったね」と女将さん。浴室を確認したあと、「源泉が止まってるから、ちょっとぬるいけど……」と言いながら、入浴を許してくれた。本当は日帰り入浴はやっていないからと、料金も受け取らない女将さんに、体ではなく心がほかほかに温まった。

役場の隣には「道の駅 十津川郷」がある。2階の「そば処 行仙」で、「冷やしとろろそば」を注文して昼食にした。風味豊かでコシのあるそばも、ねばりの強いとろろいもも、十津川村の素朴な山の幸である。「十津川村歴史民俗資料館」にも寄ってみた。ここでは、村の歴史と文化、生活習慣などに触れることができる。明治時代までの十津川は細い山道ばかりで、人が荷物を背負って行き来していた。戦後になっても、切り出した木材を載せて牛に引かせる木馬《きんま》が残っていた。スライド

十津川温泉バスターミナルに到着した八木新宮特急バス

のひとコマに、1951年に撮影されたボンネットバスの姿があった。国道168号が開通したのは1959年、奈良と新宮を結ぶバスが開業したのは1963年のことであった。

2時間半の滞在を満喫し、十津川村役場から15時41分発の新宮駅行きに乗る。30分ほど揺られた十津川温泉のバスターミナルで、3回目となる10分の休憩がとられた。ターミナルにある足湯に、手だけ浸して温まっていたら、下校の時刻と重なり、小中学生を乗せた村営バスが四方の集落に向けて出発していった。新宮駅行きにも子どもたちが乗り込んできた。

本宮大社を参拝して最終バスで終点へ向かう

　バスは16時14分に発車し、すぐに右折して「昴の郷」に寄る。国道に戻ると、子どもたちを降ろしながら高度を上げ、七色で十津川村に別れを告げた。次の土河屋《つちごや》から和歌山県田辺市となり、十津川は熊野川と名を変える。ぐんと広がった白い河原を眺めるうち、本宮大社前に到着した。

　ここで、熊野本宮大社で参拝をするために2度目の途中下車をする。国道を渡り、158段の石段を上って、神殿のなかに入った。玉砂利が敷かれた神殿内は、とても厳かな雰囲気だ。決められた順序に従って、茅葺き屋根の四つの社殿をめぐり、二礼二拍手一礼を繰り返した。

　いったんバス停に戻り、熊野川のほとりの水田に建つ第一大鳥居をくぐりに行く。高さ34メートル、幅42メートルの鳥居は、2000年に竣工したものである。明治時代の大水害で流されるまで、熊野本宮大社の社殿は、大斎原《おおゆのはら》と呼ばれるこの地にあった。太古に神が舞い降りたと言われており、最近ではパワースポットとなって

四つの社殿が並ぶ熊野本宮大社

いるそうだ。

すっかり陽が傾き、18時58分発の新宮駅行きは、ヘッドライトをつけて到着した。熊野古道巡礼姿のアジア人2人とともに乗ると、車内に下校の高校生が1人いた。国道168号を外れた湯の峰温泉で、巡礼姿の2人が下車する。四村川のほとりの渡瀬温泉で高校生が降りて、私だけになってしまった。

国道168号に戻ると、主要なバス停だけに停まる特急運転へと変わる。いつしかあたりは暗闇に包まれた。やがて短いトンネルをくぐると突然、明るい市街地のなかへと入っていく。

熊野速玉神社に近い速玉大社前で「168バスハイク乗車券」のフリー乗降区間が終わり、20時22分に新宮駅に到着した。

3、箱根駅伝の往路を路線バス乗り継ぎでたどる

大手町〜箱根町港(神奈川中央交通ほか)

毎年正月には、箱根駅伝を楽しむシニアも多いことだろう。けれどバスファンにとっては、ときどきカメラに映り込む対向車線の路線バスも気になるものだ。果たして、箱根駅伝のコースを路線バスでたどることは可能なのか。春まだ浅い3月初めの土日を使い、路線バスを乗り継ぐ旅に出た。

スタート近くのバス停から品川駅を目指す

地下鉄大手町駅のC3出口は、読売新聞東京本社に直結している。地上に上がる

東京駅丸の内南口から乗り継いだ東急バス・東98系統

と、そこは箱根駅伝のスタート地点である。

このスタート地点から一番近いのが、日比谷通りにある大手町バス停である。都営バス・東43系統のバスに、駅伝のスタート時刻より11分遅い8時11分に乗り込んだ。バスはほどなく日比谷通りから左折し、終点の東京駅丸の内北口へ8時16分に到着した。

レンガづくりの東京駅丸の内駅舎を見上げながら、南口のバスターミナルへと移動する。3番乗り場で、8時25分発の東急バス・東98系統・等々力《とどろき》操車所行きに乗り込む。バスは馬場先門で日比谷通りに入り、皇居内堀や日比谷公園を横目に走るが、内幸町で右折してしまう。日比谷通り〜第一京浜の駅伝コースは、正確には、ここから泉岳寺まで、港区コミュニティバスの「ちぃばす」が細切れに走っているだけである。仕方がないので、このまま東98系統に揺られ、経済産業省、東京タワー、慶應義塾大学などを車窓に見たあと、8時47分に魚籃坂下で降りた。

前方の交差点を右に渡ったバス停で、9時01分発の都営バス・反96系統・五反田駅行きに乗車する。泉岳寺で第一京浜に右折して駅伝コースに戻り、品川駅高輪口の「ウィング高輪」の前に、9時11分に降り立った。

約3時間で多摩川を渡り神奈川県に入る

品川駅の6番乗り場から、9時18分発の東急バス・品94系統・蒲田駅行きに乗る。北品川、新馬場と、京急本線の高架と並行する第一京浜を走る。バスが右折した青物横丁で、9時24分に下車する。歩道橋を渡って第一京浜上の青物横丁駅バス停に移動し、9時54分発の京急バス・井19系統を待つ。

井19系統は、鈴ヶ森で右折して、10時07分に大森駅東口に到着する。引き続き第

大森駅から蒲田駅まで利用した京浜急行バス・森50系統

一京浜をたどるためには、こまめにバスを乗り継がなければならないので、JR線に沿って先を急ぐ。1番乗り場から10時12分発の京急バス・森50系統に乗車する。10分間隔で走る路線だけあって、住宅街のバス停から、ちょっと買い物にという感じの人たちが次々に乗ってくる。通路がいっぱいになって、10時32分に蒲田駅に到着した。

さらに1番乗り場から、10時35分発の京急バス・蒲74系統に乗り継ぐ。バスは中型車で、JR線と京急本線に挟まれた狭隘路を走る。沿道には、ちょっと懐かしい雰囲気の商店街がどこまでも続く。やがて左手の京急本線の高架をくぐり、第一京浜に出て右折し、多摩川土手への上り坂の側道にある終点の六郷橋バス停に、10時51分に到着した。

そして上り坂を挟んだ向かい側の側道で、11時05分発の京急バス・空51系統を待つ。川崎方面に進むのに、東京方面に向かって待つことになる。その理由は、羽田空港から来た空51系統は、ここでUターンして坂を上り、多摩川に架かる六郷橋を渡って川崎市内に入るからだ。多摩川を越えて神奈川県に入り、終点の川崎駅に着いたのは11時25分であった。

第二京浜に迂回して横浜駅に到着する

川崎駅東口のバスターミナルは、京急本線高架下に二つある。空51系統は「空島」と呼ばれる北側に着き、次に乗る川29系統・入船橋循環は「海島」と呼ばれる南側から出るから注意が必要だ。川崎鶴見臨港バス・川29系統が発着する「海島」の9番乗り場に向かい、11時41分発の便に乗車する。第一京浜を鶴見中継所の手前まで走り、ゴム通りに左折した平安町一丁目に、11時49分に到着した。

鶴見駅から横浜駅まで乗車した横浜市営バス・29系統

ここで、平安町を循環している横浜市営バス・16系統に乗り換える。左回りに乗れば、鶴見中継所を経て第一京浜を進めるが、平日朝に1本しかない。そこで12時09分発の右回りに乗車する。汐鶴橋を渡って横浜市に入り、鶴見駅前へとたどり着いたのは12時24分だった。

ここから横浜駅前までの第一京浜にも、横浜市営バスの路線が存在している。しかし途中の生麦から先はきわめて本数が少なく、土曜日は朝夕1本ずつしかない。そこで横浜市営バス・29系統に乗り、第二京浜経由でバスの終点の横浜駅を目指すことにする。2番乗り場を12時45分に発車したバスは、下末吉交差点から第二京浜に入る。やがて左にJR線が寄り添ったところで、東神奈川駅西口に停車する。青木橋でJR線と京急本線をまたぎ、第一京浜に合流する。横浜駅東口そごう1階のバスターミナルには、13時26分に到着した。往路5区の選手たちが、そろそろゴールする時刻だった。

一方、私はここで、昼食をとることにする。そごう隣のスカイビル10階にある「壱八家」で、横浜のご当地グルメの一つである家系ラーメンを味わってみる。麺の硬さ、味の濃さ、脂の量、すべて〝普通〟を選んだところ、家系のなかではさっぱりしている感じで、シニア世代のランチとしてもお勧めできるものだった。

東海道を2区から3区へたどる

横浜駅から小田原駅までは、すべて神奈川中央交通の乗り継ぎとなる。横浜駅東口の11番乗り場から、14時22分発の77系統・芹が谷行きに乗車する。駅伝コースは国道1号・東海道となり、JR東海道本線と並走する。保土ヶ谷駅東口のロータリーに停まると、車内はほぼ満席になる。ほどなく始まる上り坂は、駅伝中継ではおなじみの権太坂である。テレビの画面ではわかりづらいが、バスで走るとかなりの急勾配であることがわかる。

77系統が国道1号を外れ、芹が谷に向かう手前の坂下口で、14時59分に下車する。77系統と同じ横浜駅始発で、桜木町駅を回ってきた横43系統に乗り換える。こちらには乗客がなく、しばらく貸切の状態が続く。不動坂で駅伝コースから外れ、15時30分に戸塚駅東口に着いて終点となった。

橋上駅舎を通り抜け、西口側の戸塚バスセンターへと向かう。駅からバスは見えないが、地面の矢印に従って歩けばよい。私が乗る1番乗り場には、家路に向かう人が列をつくっている。朝に乗り合わせたような買い物客が、もう帰る時間帯になっていた。

15時48分発の戸81系統に乗車する。戸塚中継所付近で駅伝コースに戻ると、松並木があったりして東海道の風情が感じられる。鉄砲宿バス停の手前で、バイパスの国道1号と旧東海道の県道が分岐する。駅伝ランナーもバスも、旧東海道のほうを進む。時宗総本山の遊行寺を右手に見ながら、急坂を下って藤沢市街へと向かう。

戸塚バスセンターから藤沢駅までは神奈中バス・戸81系統で

ペデストリアンデッキの下の終点・藤沢駅北口バスターミナルには、16時22分に到着した。

茅ヶ崎海岸から相模川を越えて平塚市街へ

この先の駅伝コースは1960年代、旧東海道経由から茅ヶ崎海岸経由へと変更されている。このルートになるべく従うために、2番乗り場からの藤04系統に乗車する。藤04系統は神奈中と江ノ電が共同運行しているが、16時40分発は神奈中の担当だった。相生町から駅伝コースに左折すると、小田急江ノ島線をくぐり、JR東海道本線をまたぐ。藤沢警察署の前で湘南新道に入り、終点の辻堂団地には16時57分に到着した。

このまま直進すれば茅ヶ崎海岸に至るが、残念ながらそのようなバスは走っていない。そこで17時01分発の辻02系統をつかまえ、いったん茅ヶ崎駅を目指すことにする。すぐに鉄砲道に右折し、瀟洒な邸宅が建ち並ぶ住宅街を行く。東海岸で再び右折すると、正面が茅ヶ崎駅南口である。乗り継ぎ時間が40分以上あるので、駅ビル内のカフェ「ブリオッシュドーレ」で身体を温めた。

南口１番乗り場から、18時ちょうどの茅37系統に乗車する。茅ヶ崎駅からまっすぐに南下し、海岸線に突き当たって西に向かう。暮れなずむサザンビーチに目を凝らし、サザンオールスターズの楽曲に登場する〝えぼし岩〟を探す。駅伝中継でランナーの正面に見える富士山は、今日は厚い雲に覆われている。右折して内陸に入った浜見平団地に、18時15分に到着して終点となった。

駅伝コースの湘南大橋にバス路線はなく、ここでも相模川上流へ迂回することになる。18時35分発の茅35系統・茅ヶ崎駅行きに乗り、東海道本線をくぐった町屋で18時38分に降りる。前方の国道１号を左に歩いたバス停で待ち、18時56分発の茅06

系統に乗車。1960年代まで駅伝コースだった馬《ば》入《にゅう》橋で、相模川を越えて平塚市街に入る。平塚駅北口に着いたのは19時07分。4区と5区は明日の楽しみとして、平塚駅前のホテルにチェックインした。

箱根登山バスでゴールを目指す

翌朝は6時40分、平塚駅北口3番乗り場から平44系統・小田原駅行きで出発した。国道1号に入って東海道本線をくぐり、線路より海側を並走する。大磯郵便局の前で、海岸線を走ってきた道路が合流する。ここからはまた、国道1号が駅伝コースとなる。東海道の松並木が続き、沿道のたたずまいものどかになる。国府津駅ではロータリーに入って時間調整をした。

国府津駅から先は箱根登山バスの路線エリアとなる。神奈中バスは日祝日の早朝に、この平44系統が1往復走るだけである。路線バスは一度廃止をすると、再び営業するにはさまざまな手続きを要する。そこで最小限の本数だけ残しておく〝免許維持路線〟と言われるものが各地に存在する。バスファンくらいしか乗らないので

小田原駅前に姿を現した神奈中バス

はないかと思ったが、私のほかに7人の乗客が、国府津駅より先まで乗り通した。

天理教前で1人、酒匂《さかわ》中学で2人を降ろし、酒匂川を越えて小田原市街へ。浜町では、前を走る箱根登山バスにぎりぎりで間に合わなかった女性を拾う。週に1本の希少なバスで、7時49分に小田原駅に着いたのは、私のほかに5人だった。

さあ、いよいよこの旅のアンカーだ。8時05分発の箱根登山バス・H系統に、東口3番乗り場から乗車しよう。

バスは、小田原中継所が設けられる風祭バス停を8時15分に通過した。箱根湯本駅

往路ゴールの箱根町港に到着した箱根登山バス

を過ぎると、急勾配と急カーブが続く山道となる。運転士は的確なギアチェンジとハンドルさばきで、この悪路を乗りこなす。毎日、山を走る箱根登山バスの運転士は、一人ひとりがみな〝山の神〟なのである。

　芦の湯を過ぎ、標高874メートルの国道1号最高地点を通過する。芦ノ湖のほとりまで一気に下り、箱根神社の一の鳥居をくぐる。旧街道の面影が色濃く残る杉並木を抜け、9時10分、駅伝往路のゴールとなる終点の箱根町港に到着した。

4、フリー切符でめぐる潜伏キリシタンの世界遺産

SUNQパス（産交バスほか）

かつての国鉄ワイド周遊券は、特急列車の自由席にも乗れる夢のような切符だった。そして現在、九州では、高速バスにも乗り放題の「ＳＵＮＱパス（サンキューパス）」が販売されている。このフリー切符を使って九州で乗りバスを満喫してみよう。２０１８年に世界文化遺産に登録された、「長崎と天草地方の潜伏キリシタン関連遺産」をめぐってみた。

熊本から快速バスで天草下島に渡る

熊本市内には路線バスの一大拠点が二つある。一つはＪＲ熊本駅前であり、もう一つは熊本城公園の南側の中心市街地にある熊本桜町バスターミナルである。

「ＳＵＮＱパス」は、桜町バスターミナル２階のバス案内所窓口で購入できる。

「北部九州3日間」（9000円）、「南部九州3日間」（8000円）、「全九州3日間」（1万1000円）、「全九州4日間」（1万4000円）の4種類があるが、今回は福岡・大分・熊本・佐賀・長崎の5県と山口県下関市の路線バスが、3日間乗り放題になる「北部九州3日間」を使用する。

桜町バスターミナルの5番乗り場から、8時発の「快速あまくさ号」に乗車する。「あまくさ号」は熊本市と天草市を結ぶ産交バスの快速バスで、一日10往復が90分間隔で運行されている。車両は高速タイプのハイデッカー。自由席なので、左側最前部の1Aに座る。シニア夫婦や若者2人組など4人が乗車した。

市電と並走しながら熊本市内を西へと向かう。JR熊本駅前の2番乗り場を8時08分に発車し、今度は国道3号を南へ進む。緑川を渡ると、右に九州新幹線の車両基地が見える。8時31分に宇土駅東口に停車したあと、国道57号に右折し、新幹線・鹿児島本線をまたいでJR三角《みすみ》線沿いに走る。

住吉駅を過ぎたあたりで、右手に島原湾が広がる。シニア夫婦のご主人が一眼レフを構えるほどの絶景である。

本渡バスセンターに到着した産交バスの「快速あまくさ号」

三角西港前バス停の前には、白壁の洋風建造物が建っている。明治時代に貿易港として栄えた町で、こちらは「明治日本の産業革命遺産」として世界文化遺産に登録されている。

国道266号に右折して天門橋で海峡を越え、天草諸島北端の大矢野島に渡る。道の駅「上天草さんぱーる」のバス停では、教会を模した「天草四郎ミュージアム」が目に入る。天草松島を左右に見下ろし、天草五橋を渡って天草上島に上陸する。リゾート施設「リゾラテラス天草」のバス停で、若者2人組が降りていく。国道324号で島の西海岸を南下し、瀬戸《せど》大橋を越えて天草下島に入る。天草市の中心市街地にある本渡《ほんど》バスセンターには10時32分に到着した。

世界遺産「天草の﨑津集落」に向かう

天草下島の島内でも、引き続き産交バスを利用する。11時20分発の牛深市民病院行きは、幼稚園バスのような小さな車両だった。乗客は地元のおばあさんばかりだ。農家が点在する水田地帯に入ると、ポツリポツリと下車していく。やがて乗客は私ひとりとなった。

一町田中央のバス停で、12時37分発の下田温泉行きに乗り換える。こちらも小型バスで、乗客は私だけである。車窓左手に羊角湾が広がり、12時55分、入江の家並みの中にある﨑津教会入口のバス停に着いた。ここが世界遺産「天草の﨑津集落」である。

江戸幕府の厳しい弾圧のなか、﨑津のキリシタンは仏教徒や神社の氏子になりすまし、250年以上も信仰を守り続けたという。古い旅館を改装した「﨑津資料館

﨑津教会と﨑津の集落

みなと屋」に、﨑津のキリシタンを支えた信心具、内側の模様をマリア像に見立てた貝類や和鏡が展示されている。フランス人のハルブ神父と集落の人々の寄付により、1934年に建てられたゴシック様式の﨑津教会も見学する。堂内が畳敷きになっているのが珍しかった。

〝トウヤ〞と呼ばれる小路をすり抜けて海に出る。海辺の民家には〝カケ〞と呼ばれる海に張り出した作業場がある。作業場では干物づくりなどが行われてきたのだという。﨑津集落には、入江の狭い土地で生活するための工夫があった。

〝トウヤ〞に店を構える「凪」で昼食にす

る。アジのみりん干しとすり身揚げが味わえる「凪定食」を選んだ。すり身揚げは弾力があり、ほど良い塩味である。「エソという魚のすり身で、この辺ではスーパーでも売っているんですよ」と、若奥さんが郷土食の解説をしてくれた。

バスの車窓に天草下島の景色が広がる

フェリーで島原半島に渡るため、本渡バスセンターへ戻ることにする。往路の内陸部とは違う車窓の風景を楽しもうと、14時37分発の下田温泉行きで、島の西海岸を北上する。まもなく左の丘の上に、ロマネスク様式の大江天主堂が見える。キリスト教が解禁されたのち、天草で最初につくられた教会で、現在の建物は1933年に建てられたものである。

白鶴浜を過ぎると急坂を上る。さらに、切り立った海岸の中腹を走っていく。再び浜辺に下り、下津深江川河口の静かな旅館街・下田温泉に、15時39分に到着した。バス停前に「五足の湯」という足湯があり、若い男女3人グループが楽しんでいた。

いま乗ってきたバスが、行き先を本渡に改め、15時45分に出発した。下津深江川

鬼池港で島原半島へのフェリーに接続する産交バス

をさかのぼるうち、険しい山道になる。沿道の斜面のヤマザクラが美しい。海老宇土バス停で、往路の路線に合流する。市街地で勤め帰りの乗客を拾いながら、16時29分に本渡バスセンターに到着した。

フェリーが出る鬼池港行きのバスは、本渡バスセンターを16時50分に発車した。買い物帰りの乗客が1人、また1人と降りていく。最後はまた私だけになり、17時15分に終点の鬼池港に着いた。

17時30分発の島鉄フェリーに乗船。島原鉄道が営業しているので、バスではないのに「SUNQパス」が使用できる。黄昏がせまる島原湾を静かに30分間航行する。

島原半島の口之津港で、18時26分発の島鉄バス島原駅行きに乗り換える。15分ほど揺られた浦田観音のバス停で降り、住宅街を10分ほど歩いたところに、今夜の宿「原城の宿 城」があった。夕食に出された「具雑煮」は、鶏の旨みが凝縮された塩味のつゆに、とろとろの餅と野菜が入った南島原の伝統食である。「原城に籠城した天草四郎がつくらせたと言われているんです」と給仕係が教えてくれた。

天草四郎の戦跡を散策して諫早を目指す

2日目は世界遺産の「原城跡」を目指し、8時半過ぎに宿を出発した。歩いて10分足らずのところに大手口跡があり、さらに坂道を上ると本丸跡にたどり着く。

原城は、有馬晴信が日野江城の支城として1598年から1604年に築いた。飢饉と重税、キリシタンへの弾圧に耐えかねた有馬の領民たちは、1637年に一揆を起こしたが島原城を攻めきれず、廃城となっていた原城に籠城する。総大将はまだ15歳だった天草四郎時貞である。幕府軍は原城を総攻撃して天草四郎を討ち取り、4か月に及んだ一揆は終結した。これ以降、幕府の禁教はさらに強まり、キリ

石垣の上に十字架が建つ世界遺産「原城跡」

シタンは人目につかない集落などに移住していったのである。

本丸跡から南側の坂を下り、バスが走る国道を横断した高台の「有馬キリシタン遺産記念館」（大人３００円）に原城と島原・天草一揆に関して詳しく紹介されている。

記念館最寄りの南有馬庁舎前バス停から、10時22分発の島鉄バス早崎循環線に乗る。昨日は暗くて見えなかった島原湾を左手に、国道２５１号を口之津車庫前まで戻る。右手に寄り添う道床跡は、２００８年に島原外港〜加津佐間が廃止された島原鉄道線のものである。

口之津車庫前からは、11時05分発の島鉄バス諫早駅前行きに乗る。市街地を抜けたあとは、小さな集落が点在していたが、権田バス停あたりから車窓の景色が一変する。人家が途絶え、険しい海岸線になって、覆道が連続する。赤間バス停を過ぎ、久しぶりに現れた集落。地形も再び穏やかになり、斜面には段々畑が見える。車内の乗客も少しずつ増えていった。

やがて、至るところから湯けむりが上がる小浜の温泉街となり、街の中心の小浜バスターミナルに11時47分に停車する。さらに、なだらかな起伏のある海岸線をしばらく走ったのち、愛野展望所バス停で海と別れ、愛野バス停からは右手に島鉄の鉄道線が並走する。小野駅あたりから諫早市街の住宅街となり、12時42分、JR諫早駅前のバスターミナルで終点となった。

本明川のほとりで営業する「李花」で昼食とし、長崎名物の「皿うどん」を注文する。「ちゃんぽん」と同じ太い蒸し麺も選べるのは、長崎ならではである。スーツや作業着を着た地元客で賑わう店だった。

諫早から長崎までは、長崎県営バスの高速シャトルバスを利用。諫早駅前ターミナル8番乗り場から、13時37分発の長崎駅前行きに乗る。バスは諫早インターから長崎自動車道に入り、山の中腹を掘割とトンネルと高架で突き進む。長崎インターを出ると、出島道路のオランダ坂トンネルを抜け、14時29分に終点の長崎駅前に到着した。

潜伏キリシタン終焉の地・大浦天主堂

バスを降りた後方の長崎駅前交差点の歩道橋を渡り、長崎駅前東口バス停から、14時47分発の長崎バス・田上行きに乗車する。バスはときおり長崎電軌の路面電車と並走し、市役所前、中央橋、長崎新地ターミナルと繁華街を抜ける。15分ほど揺られた大浦天主堂下で降りる。運河を渡り、みやげもの店が軒を連ねているグラバー通りを上ったところに、世界遺産の「大浦天主堂」(大人1000円)がある。

1864年に竣工したこの天主堂は、高い尖塔が印象的なゴシック様式だ。堂内の天井は美しいアーチを描き、極彩色のステンドグラスがテーブルに幻想的な模様をつくっている。敷地内にはキリスト教が禁止されていた時代に、密かに神学生の

キリシタンの潜伏終焉の地である大浦天主堂

教育を行っていた「旧長崎大司教館」があり、その後、日本人聖職者を養成するために建てられた「旧羅典神学校」も現存している。

「長崎と天草地方の潜伏キリシタン関連遺産」の12の遺産を時系列的に並べれば、幕府の禁教により潜伏が始まった「原城」が最初で、日本人キリシタンらが名乗り出て潜伏が終わった「大浦天主堂」が最後となる。

天主堂の隣には、長崎市内の歴史的建造物を移築した「グラバー園」がある。園の名前になっている「旧グラバー住宅」は、１８６３年に建てられた日本最古の木造洋風建築である。居住者のトーマス・ブレーク・グラバーが、造船と採炭の技術をもたらした商人であることから、「あまくさ号」の車窓から見た「三角西港」と同様、「明治日本の産業革命遺産」として世界遺産に登録されている。2021年秋（予定）までを工期とした保存修理工事中で、残念ながら見学することはできなかった。

大浦天主堂下のバス停は、路面電車の電停に隣接している。長崎駅前まで電車で戻ることもできるが、私は17時39分発の神の島三丁目行きの長崎バスに乗り、2泊目の宿である長崎駅近くのシティホテルに向かった。

外海の出津集落と大野集落を目指す

3日目は世界遺産の外海《そとめ》の出津《しつ》集落・大野集落を目指し、JR長崎駅前で8時28分発の長崎バス・桜の里ターミナル行きを待つ。長崎バスは中心市街地から次々に長崎駅へ到着するが、行き先ごとの乗り場は決まっておらず、長いホームの空いているところに停まる。桜の里ターミナル行きには複数の経路があり、遠回りする系

長いホームにランダムにバスが停まる長崎駅前

統に乗ってしまうと、45分で行けるところが最大で１００分もかかってしまう。運転士に「板の浦行きに接続しますか？」と尋ねなければ、間違ってしまうので注意が必要である。

　バスは、しばらく長崎電軌の路面電車と並んで走る。平和公園や長崎大学を車窓に見ながら、路面電車の終点・赤迫を過ぎ、まもなく左折して滑石トンネルで峠を越える。埋め立てで誕生した新長崎漁港から、高台に造成された新興住宅地に駆け上がり、終点の桜の里ターミナルに到着した。

　ここで9時20分発のさいかい交通・板の

出津教会堂と旧出津救助院

浦行きに乗り換える。三重崎に続く尾根を越えると、左手に真っ青な角力灘《すもう》が広がってくる。出津川に架かる新しい橋の手前で右折し、川沿いの集落の旧道を迂回。古い橋を渡った出津のバス停で降車ボタンを押し、世界遺産の「外海の出津集落」に降り立った。ここは潜伏キリシタンらがキリスト教由来の聖画像を密かに拝み、信仰を実践してきた集落と言われている。

高台に建つ漆喰づくりの出津教会堂は、解禁後の1882年に建てられたものである。設計にあたったフランス人司祭のド・ロ神父は、海難事故などで夫や息子を失った女性の授産活動（生計を立てさせる活動）

に尽力した人物としても有名である。現在でも、敬愛を込めて「ド・ロ様」と呼ばれている。

教会堂の下にある「旧出津救助院」（大人400円）をシスターの案内で見学する。敷地内には製粉工場、マカロニ工場、授産場などの建物が残っている。授産場の1階は綿織物の製糸・製織・染色、そうめんやパンの製造、醤油の醸造などに使われ、2階は女性の生活と祈りの場だったと聞いた。案内を終えたシスターは、神父が母国から取り寄せた140年前のオルガンで『いつくしみ深き』を奏でてくれた。

1時間後の板の浦行きに乗車する。バスは入り組んだ海岸線の中腹を走り、いくつかの小さな谷を新しいアーチ橋でまたいでいく。見下ろす海の水は澄み切っていて、白砂の海底が車窓からも確認できた。

およそ5分の大野で、バスを降りる。世界遺産「外海の大野集落」である。ここは潜伏キリシタンらが神社に密かに祀った信仰対象を拝み、信仰を実践してきた集落である。バス通りの海側には門神社、山側には大野神社が鎮座している。

庭に真っ白なマリア像が建つ大野教会堂

川を挟んで広がっていた出津集落と違い、海を見下ろす斜面に家々が点在している。車道はジグザグに斜面を上っていくが、石段をたどるとまっすぐに上ることができる。上り詰めたところに、真っ白なマリア像と質素な教会がひっそり建っている。1893年にド・ロ神父が建てた大野教会堂だ。地元産の玄武岩の割石を漆喰で固めた外壁が特徴的である。薄暗い堂内に、アーチ形の窓から柔らかな光が射し込んでいた。

石段を降りる途中に、小さなレストラン「ひなたの匂い」がある。女性オーナーに勧められ、「ド・ロ様パスタ」を使った「干しエビとキャベツのトマトソースパスタ」を食べてみる。出津の授産場での製法を今日まで受け継いでいるパスタだそうで、太くてモチモチした独特の食感だった。

高速バスを使って長崎から佐世保へ

最後は佐世保を目指す。出津・大野から、このまま海岸線を北上すれば移動距離は短いけれど、バスがきわめて少ない区間があり、乗り継ぐことができない。そこでいったん長崎駅前に戻り、高速バスを利用する。大野12時23分発のさいかい交通から、桜の里ターミナル13時発の長崎バス長崎新地ターミナル行きに乗り換える。バスは行きの経路をトレースして、13時46分に長崎駅前に停車した。

降りたバス停の前方左手、駅から見ると路面電車が走る通りの向こう側に、長崎県営バスの長崎ターミナルがある。2番乗り場から佐世保駅前行きの高速バスに乗車。長崎県交通局と西肥自動車の共同運行路線で、14時発は長崎県営バスである。予約不要の自由席なので、運転士に「SUNQパス」を見せる。

なお、予約定員制または予約指定制の路線の場合は、あらかじめＷＥＢ予約しておき、乗車前にバスセンターなどの窓口でパスと予約番号を提示し、「確保券」を受け取ってからバスに乗る形になる。

バスは大波止に停まったのち、ながさき出島道路のオランダ坂トンネルを抜け、わずか10分で長崎自動車道に入る。諫早インターまでは昨日、シャトルバスでたどった区間で、山の中腹の掘割とトンネルと高架を走行する。諫早インターを過ぎると、左手に穏やかな大村湾を見下ろしながら走る。東そのぎインターからは再び山間部へと入っていく。建設中の長崎新幹線の高架がちらりと見える。

武雄ジャンクションから西九州自動車道に入り、佐世保大塔インターからは国道35号をＪＲ佐世保線と並走する。卸本町入口、日宇駅前と停車して、15時25分に西肥バス佐世保バスセンターに到着した。

バスセンターから駅前バスターミナルに移動する。こちらは佐世保市営バスの施設だったが、２０１９年に市営バスが撤退したため、営業を引き継いだ西肥バスが発着するようになった。行き交うバスには、市営バスカラーのものが混在していた。

キリシタンが移住・開墾して信仰を維持した島に渡る

6番乗り場から、16時13分発の西肥バス相浦桟橋行きに乗った。戸尾町、京町と繁華街で買い物帰りの乗客を拾う。松浦町で左折して、佐世保中央インターを囲むループ状の急坂を上る。高台の古い住宅地の狭隘路となり、住宅と住宅の間に巨大なドックをちらちら見下ろしながら進む。坂を下りると車窓の風景は一転し、新興住宅地の4車線道路を走行する。松浦鉄道をくぐって左折し、漁港に突き当たると、終点の相浦桟橋である。

相浦桟橋では、17時発の「フェリーくろしま」に乗船。「SUNQパス」は使えないので、往復1390円の乗船券を購入する。乗船客は8人。地元の人たちばかりで、長崎弁の会話が弾んでいる。船は波静かな海を滑るように航行した。

下船客がいなかった高島を経て、およそ50分で黒島の桟橋に着いた。桟橋から急な坂道を上った高台に島の中心集落がある。久しぶりに帰った実家のように、素朴で温かな民宿「喜久屋旅館」に宿泊した。

黒島の民宿「喜久屋旅館」の夕食

世界遺産「黒島の集落」は、1803年に廃止された平戸藩の牧場跡に、キリシタンらが移住・開墾して信仰を維持した島である。いまも島民の約7割がカトリック信者だという。翌朝は十字架を冠した墓石が並ぶカトリック共同墓地を訪問。そのほとんどに、色鮮やかな生花が供えられている。墓参に来ていたおじいちゃんに尋ねると、島民は季節の変わり目ごとに頻繁に墓参りをするのだと教えてくれた。

島の中心に建つ黒島天主堂は1902年、フランス人のマルマン神父の指導と信徒らの献金・奉仕によって完成

ロマネスク様式の黒島天主堂

した。ロマネスク様式を基調とし、レンガづくりの褐色の外壁が大きな特徴である。このとき進められていた耐震対策・保存修理工事は２０２１年２月に完了したそうで、きっと美しく生まれ変わったことだろう。

【著者】
加藤佳一（かとう　よしかず）
1963年東京都生まれ。東京写真専門学校卒業。86年にバス専門誌『バスジャパン』を創刊。93年から「BJ ハンドブックシリーズ」の刊行を続け、バスに関する図書を多数監修。著書に『つばめマークのバスが行く』『そうだったのか、都バス』（ともに交通新聞社新書）、『路線バス終点の情景』（クラッセ）、『都バスで行く東京散歩』『一日乗車券で出かける東京バス散歩』『ローカル路線バス終点への旅』（以上、洋泉社新書y）などがある。

平凡社新書972

シニア バス旅のすすめ
定番コースからワンランク上の大人旅

発行日――2021年4月15日　初版第1刷

著者――加藤佳一
発行者――下中美都
発行所――株式会社平凡社
東京都千代田区神田神保町3-29　〒101-0051
電話　東京（03）3230-6580［編集］
東京（03）3230-6573［営業］
振替　00180-0-29639
印刷・製本―図書印刷株式会社
装幀――菊地信義

ISBN978-4-582-85972-0
NDC 分類番号685.5　新書判（17.2cm）　総ページ264
平凡社ホームページ　https://www.heibonsha.co.jp/